화내는 게 나쁜 건가요?

2부. '화'를 다스리는 법

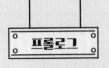

분노는 어디에나 있다

살다 보면 크든 작든 화나게 하는 일들이 참 많지요. 화를 넘어 분노가 이는 경우도 많고요. '분노'는 '화'의 다른 말이기도 한데, 분개하여 몹시 성을 내는 걸 말해요. 보통 화는 화의 강도가 약할 때 쓰고 분노는 강도가 강할 때 써요. (이 책에서는 화와 분노를 자유롭게 섞어서 쓰도록 할게요.)

우리는 주변에서 분노에 가득 찬 사람들을 많이 볼 수 있습니다. SNS 댓글 창만 봐도 화가 잔뜩 나서 여과 없이 감정을 쏟아 놓는 사람들이 정말 많잖아요. 정의감에 불타는 분노도 있겠지만, 대부분은 어떤 상황과 대상을 막연하게 탓하거나 자신의 화난 감정을 보여 주기에 바빠 보입니다. 다들 심판자의 자리에서 불같이 화를 쏟아내고 거기에 동조하는 사람들이 떼로 몰려와 '좋아요' 버튼을 누르죠. 그런데 그렇게 화를 쏟아내면 시원하고 마음이 편안해져야 하는데, 그런 사람은 거의 없는 것 같아요. 화를 내고 나면, 이상하게도 마음 한 구석이 씁쓸하고 찝찝합니다.

"누구나 화를 낼 수 있다. 그것은 쉽다. 하지만 당사자에게, 바른 관점을 가지고, 바른 시점에, 바른 의도를 갖고 바르게 화를 내는 것은 쉽지 않다."

유명한 철학자 아리스토텔레스가 남긴 말이에요. 화를 내는 건 너무 쉽지만, 바르게 화를 내는 것이 얼마나 어려운지를 보여 주는 통찰력 있는 말인 것 같아요. 화의 형태는 하나로 규정하기가 어려울 때가 많아요. 불같이 화를 내는 사람도 있고, 화를 너무 참아서 마음에 병이 생기는 사람도 있습니다. 화를 내는 것 자체는 나쁜 게 아니에요. 그렇다고 무작정 화를 표출해야 하는 것도 아니고요. 아리스토텔레스의 말처럼 화라는 감정을 명확하게 바라보고 화를 제대로 낼 수 있다면 사는 게 좀 더 편안해질 거예요. 제가 공부하고 여러 다양한 분들을 상담하고 진료하면서 알게 된 화의 원인부터 화를 잘 내는 방법들을 이 책에 담았으니 찬찬히 보면서 자신에게 적용할 수 있다면 좋겠습니다.

　이 책을 통해 제가 꼭 전하고 싶은 이야기가 있어요. 바로, 분노는 '감정'이라는 사실입니다. 분노는 사랑이나 두려움처럼 인생에서 가장 일찍 나타나는 감정 중 하나죠. 감정은 일종의 '반응'처럼 나타나는 경우가 대부분이에요. 누가 나를 간질이면 간지럽고, 꼬집고 때리면 아프게 느껴지는 '반응' 말이에요. 의사 선생님이 주사를 놓을 때 '나으려면 주사를 맞아야 하니까 참자' 하면서 아무리 마음을 다잡아도 안 아픈 게 아니죠? 이처럼 분노도 꾹 누르거나 '그러면 안 되지!' 결심한다고 해서 사라지지 않습니다. 그래서 분노를 잘 다루는 법을 알아야 해요.

　그런데 수많은 감정 가운데 좋은 감정들도 많은데 하필 왜 부정적인 감정, 그것도 그중에서 제일 골치 아파 보이는 분노 이야기를 하려는 건가 궁금하죠? 점차 알게 되겠지만, 또 이미 알고 있는 친구들도 많겠지만 인생은 밝은 색채와 어두운 색채가 한데 어우러진 작품이에요. 기쁨, 즐거움 같은 밝은 감정뿐 아니라 슬픔, 아픔 같은 어두운 감정도 존재하지요. 내가 거부한다고 해서 불쾌한 감정들이 사라지는 게 아니라면, 그 감정들을 마주해 잘 이해하고 다루는 것이 현명합니다.

이 책을 통해 내 머리를 욱신거리게 만들고 가슴속에 불을 지피는 화가 대체 무엇인지, 이 감정이 왜 내 삶에 끼어들어 나를 괴롭게 하는지, 나와 내 주변 사람들을 화의 희생자로 만들지 않으려면 어떻게 해야 하는지, 제대로 화를 낸다는 게 어떤 것인지 같이 고민해 보면 좋겠어요. 그래서 이 책을 다 읽고 난 뒤에는 화라는 감정에 휘둘리지 않고 감정의 주인이 되어 조금 더 당당하고 단단하게 살 수 있기를 바랍니다.

이 책은 여러분의 일상과 맞닿아 있는 '짧은 소설'과 '마음 상담소'로 구성되어 있어요. 소설을 통해 화가 나는 다양한 이유와 상황, 화의 유형들을 들여다보고, 마음 상담소를 통해서는 화를 이해하고 건강하게 화를 낼 수 있는 실제적인 방법들을 만날 수 있을 거예요. 혹시 오늘도 화가 났나요? 그렇다면 그 화의 정체가 무엇인지부터 알아야겠죠? 지금부터 시작해 봅시다.

1부.

모든
'화'에는
이유가
있다

선우 이야기

나는 자존감이 무너질 때 화가 나

밤 10시가 넘어서 학원 수업을 마친 선우는 파김치처럼 늘어져 현관에 들어섰다. 마침 화장실에서 나오던 동생 시우와 눈이 마주쳤다.

"왔냐?"

선우는 시우 얼굴을 힐끗 보고 대꾸 없이 운동화를 벗었다.

"너도 오늘 성적표 나왔지? 어째 표정이 썩었다?"

아오, 저게 또 시작이네. 선우는 화를 꾹 누르며 나지막이 경고했다.

"꺼져."

"핫, 또 떨어졌어? 아니, 거기서 더 떨어졌다고?"

저 자식의 깐족거림은 도저히 참아 줄 수가 없다.

"죽을래? 남이야 성적이 떨어지든 말든 뭔 상관인데?"

선우는 버럭 소리를 지르며 시우의 어깨를 거칠게 밀치고 방으로 들어갔다.

"망했네, 망했어! ㅋㅋㅋ."

밖에서 시우가 낄낄거리는 소리가 들린다. 숨소리조차 극혐인 존재. 선우는 시우만 보면 머리 꼭대기까지 짜증이 뻗친다. 제발 오늘은 나 좀 건드리지 마라, 부탁이다. 선우는 속으로 주문을 외웠다.

"선우, 잠깐 나와 봐."

호러 영화보다 더 무서운 엄마의 호출이다. 선우는 발을 끌며 거실로 나갔다.

"성적표 내놔 봐."

"어, 어, 주머니에 있었는데? 오, 오다가 흘렸나 봐요."

선우의 신들린 발연기를 지켜보던 엄마는 말없이 휴대폰을 꺼내더니 나이스 앱을 열었다. 간편 인증을 마치고 선우의 성적표에 접근하기까지 15초도 걸리지 않았다.

휴대폰을 한참 들여다보던 엄마의 입에서 "흐음" 긴 날숨이 배출되었다.

"반에서는 5등 떨어지셨고, 두 과목 빼고 등급이 다 떨어졌어?"

잠시 성적표를 노려보던 엄마는 침묵을 깨고 이렇게 말했다.

"딱 네가 공부한 만큼 나왔네. 어쩌겠니."

선우는 고개를 푹 숙였다. 공부를 안 한 게 아니다. 그러나 수행 평가 과제물 파일을 실수로 당일에 덮어쓰기 했다는 말 따위는 변명이 될 수 없음을 안다. 엄마는 식탁으로 가더니 컵에 물을 따르면서 무심하게 툭 한마디를 던졌다.

"시우는 4등 올랐더라. 반에서 2등이야."

선우는 아랫입술을 꽉 깨물었다. 그럼 그렇지. 엄마는 결국 저 말을 하고 싶었던 거다. 음색과 제스처, 말의 행간에서 나를 향한 실망이 선명하게 드러난다. 아들을 대놓고 무시할 수도 없고 티 나게 차별을 할 수도 없으니 시우를 치켜세우는 방식으로 나를 교묘히 깔아뭉개는 것이다. 잘난 네 동생 본 좀 받으라 이거다.

선우는 울컥 눈물이 나려 했다. 그렇지. 이게 우리 집이지. 잘나고 똑똑하신 동생은 온 집안 식구의 편애와 우대를 받으시고, 나는 저 밑바닥쯤에 자리매김해 있는, 이 집구석의 썩을 위계 구조는 이러하다.

선우는 무거운 발걸음으로 방에 들어갔다. 언제 들어왔는지 시우가 선우의 침대에 걸터앉아 휴대폰을 들여다보며 손가락이 안 보일 정도로 빠르게 메시지를 입력하고 있다.

"뭐야? 나가!"

선우는 가시 돋친 소리로 쏘아붙였다. 시우는 엉거주춤 일어서면서 계속 휴대폰을 들여다본다. 실실 웃으며 피식피식 콧김을 발사하는 꼴로 봐서 같은 반 여자애랑 DM을 주고받는 모양이다.

"아, 나가라고!"

선우는 시우와 함께 있다 보면 쉴 새 없이 올리는 휴대폰 알림음 때문에 신경이 거슬렸다. 같은 유전자를 물려받았는데도 어찌된 게 시우는 초등학교 때부터 여자애들한테 인기가 많았고, 같이

공부하자, 같이 운동하자 연락해 오는 친구도 수두룩했다. 게다가 덜렁대는 선우와 달리 시우는 꼼꼼하고 목표 지향적이라서 성적도 스스로 잘 관리했고 뭘 하든 똑 부러져서 어른들에게 예쁨을 받았다. 한마디로 존재감이 있는 아이, 그게 시우였다.

사람들은 '보다' 같은 비교급 조사만 안 쓰면 비교가 아니라고 생각한다. "아유, 시우 참 잘생겼네, 진짜 똑똑하네"라고 칭찬한 뒤 옆에 있는 선우에게는 종종 아무 언급을 하지 않는데, 그것이 선우에게 훨씬 더 치욕적인 비교이자 차별인 것을 그들은 모른다. 간혹 동정심 많은 사람들이 "우리 선우는 남자답게 생겼지! 목소리가 참 좋아!"라며 칭찬해 주는 경우가 있다. 그러나 열여섯 평생 비교로 점철된 인생을 살아온 선우는 그 속뜻을 잘 안다. 그런 말은 딱히 칭찬할 것 없는 사람에게 사용하는 관용구라는 것을.

"고1 때부터 내신 관리 해야 하는 거 아냐? 잘 좀 해라!"

시우 놈이 또 걱정을 가장한 염장질을 시작한다.

"닥치고 꺼져, 이 ㅅㄲ야!"

선우는 버럭 소리를 질렀다. 시우가 황당한 표정을 지으며 받아쳤다.

"아니, 내가 뭐랬다고 욕을 박아?"

"계속 나불거리면 그 입 철사로 꿰매 버린다!"

그 말에 시우가 푸르륵거렸다.

"싸패냐? 니 친구들은 너 집에서 이러는 거 모르지?"

"니? 내가 니 동생이야? 왜 자꾸 니니거려?"

"쳇, 꼭 지 불리할 때만 형이래! 두 살밖에 안 많은 게!"

"뭐? 이 ㅅㅂㅅㄲ가 진짜!"

선우는 들고 있던 가방을 거칠게 휘둘렀다. 잽싸게 피한 시우가 정색하고 반격했다.

"와 씨, 또 폭력 쓰네. 나이만 많으면 다야? 뭐 한 개라도 형 같아야 형이지!"

"너 그 입 안 닥치면 죽여 버린다!"

선우의 살벌한 포스에 시우는 도망치듯 방을 튀어 나갔다. 전운이 감돌던 선우의 방은 시우의 퇴각으로 간신히 평화를 되찾았다.

이튿날 오후, 합창 동아리 학생들이 일찌감치 음악실에 모였다. 학기 초에 정했던 음역 파트를 조정하기 위해 다시 오디션을 하기로 했다.

남성 음역별로 테너, 바리톤, 베이스 세 파트로 나누는데 선우는 가장 낮은 음역대를 내는 베이스 파트였다. 첫 오디션 때 너무 떨어서 고음을 못 내기도 했지만, 베이스에 인원이 적다고 애들이 선우를 베이스로 떠밀어 버렸기 때문이다. 사실 선우는 노래할 때마다 내려가지도 않는 저음을 내는 것이 고역이었다.

애들은 테너 파트를 따내고 싶어 했다. 고음을 잘 뽑아야 노래 잘하는 사람이라는 고정관념 때문이기도 하고, 워낙 베이스 음률

이 단조로워 노래 부르는 재미가 없다 보니 다들 베이스를 기피했다. 첫 오디션 날, 선우의 음역대가 어정쩡한 걸 안 선생님이 마지막으로 묻기는 했었다.

"선우, 너 베이스 할 수 있겠어?"

"아, 저는…."

선우가 말할 틈도 없이 아이들이 떠들어댔다.

"베이스는 배선우죠!"

"3단 동굴 저음, 배선우는 할 수 있습니다!"

"두둥! 베이스를 위해 태어난 고막 남친!"

자기들 하기 싫은 걸 선우에게 떠넘기려고 열렬히 아부성 세리머니를 하는 걸 알면서도 선우는 쉽사리 입을 떼지 못했다. 학교도 친구도 낯선 1학기 초였다. 혹시라도 이 일로 아이들에게 불필요한 선입견을 만들고 싶지 않았다.

'내가 양보해서 모두가 만족하면, 그것도 괜찮지 뭐.'

선우는 자신을 재빨리 설득한 뒤, 마치 처음부터 원했던 것처럼 힘차게 고개를 끄덕이며 베이스를 수락했었다.

"자, 다들 준비됐나?"

선생님이 쩌렁쩌렁한 두성으로 인사하며 음악실로 들어왔다. 아이들이 상기된 얼굴로 자리에 앉았다. 노래에 열광하는 폼생폼사 열여섯 살 남학생들에게 '테너'란 목숨 걸고 쟁취하고 싶은 로

19

망이다.

선생님은 〈고향의 봄〉을 두 키 올린 악보를 반주자 원재에게 건넸다. 이윽고 오디션이 시작됐다. 아이들은 하나같이 껙껙거리며 고음을 내려고 용을 썼다.

"이야, 너는 진짜 안 되겠다. 베이스로 교체!"

"아악, 선생님! 그것만은 제발!"

음 이탈이 속출하자 음악실 안에는 폭소가 터지기 시작했다. 테너 자리 지키기에 실패한 아이들은 멋쩍게 웃으며 바리톤과 베이스 자리로 옮겨 앉았다.

선우는 그 모습들이 의아했다. 좀 전까지 테너에 대한 야망을 부르짖던 녀석들이 아닌가? 공개적으로 실력이 들통 나고 개망신을 당했는데 어떻게 저렇게 아무 일 아닌 듯 낄낄거릴 수 있지? 자신은 침이 바짝바짝 마르고 다리가 사시나무처럼 떨리는데 말이다.

선우의 심장이 두방망이질 치고 등줄기에 땀이 흐른다. 노래하다가 혹시라도 목소리가 떨리면 어떡하지. 설상가상으로 음 이탈 참사까지 나면 모든 게 파국이다. 극강의 저음을 내느라 할아버지 쉿소리가 나고 목이 아프고 성대결절이 오더라도 지금 당장 친구들 앞에서 웃음거리가 되는 것보다는 낫다.

자기 차례가 왔을 때 선우는 마침내 결심했다. 그는 짐짓 여유 있는 미소를 지어 보이며 이렇게 말했다.

"베이스 몇 명 안 되는데, 경력직이 베이스 자리 지켜 줘야죠. 저는 베이스에 남겠습니다."

그렇게 선우는 모두의 환호 속에 오디션을 면제받았다.

그러나 집에 돌아오는 내내 가슴이 답답했다. 커다란 응어리가 가슴에 꽉 맺힌 것 같았다. 뒤늦은 후회가 몰려왔다.

'이 멍청아! 시도도 안 해 보고 오디션을 포기하냐?'

친구들은 베이스를 자처한 선우에게 엄지척을 하며 진정한 사회공헌자라고 치켜세웠지만, 선우는 작은 도전조차 겁을 내고 도망쳐 버린 자신이 너무나 한심했다.

무거운 마음으로 집에 돌아오니 시우가 거실에서 치킨을 먹으며 TV를 보고 있었다. 여자 아이돌이 나오는 예능 프로를 보며 낄낄거리는 시우를 보자 선우는 순간 빈정이 확 상했다. 저 비싼 치킨과 화려한 사이드 메뉴는 필시 성적 올랐다고 엄마가 내린 하사품일 것이다. 딱 내가 들어올 시간에 맞춰서 다리를 쩍 벌리고 앉아 처먹고 있는 저놈은 얼마나 나쁜 스끼인가!

선우는 지금껏 단 한 번도 엄마가 자신만을 위해 시켜 주는 치킨을 먹어 본 적이 없다. 오늘도 동생 옆에 꼽사리 껴서 '반에서 2등'의 위엄에 굽신거리며 닭다리를 얻어먹어야 한다고 생각하니 짜증이 불길처럼 솟구쳤다.

"어? 왔어? 와서 치킨 먹…."

시우의 말이 끝나기도 전에, 선우는 토마토 치즈 스파게티가 든 알루미늄 접시를 들어 그대로 동생의 머리 위에 내리꽂았다.

"잘난 너나 혼자 다 처먹어!"

시우의 머리부터 가슴팍까지 뻘건 토마토 소스와 질척한 면발이 줄줄 흘러내렸다. 시우는 으악 소리를 질렀고, 엄마가 깜짝 놀라 주방에서 뛰어나왔다.

선우는 자기 방 문을 쾅 닫고 들어가 씩씩거렸다. 가방을 침대에 풀스윙으로 패대기치면서 선우는 결심했다. 시우 저놈을 조만간 제대로 손봐주고 말겠다고.

프롤로그를 읽고 온 친구라면 분노가 감정 가운데 하나라고 했던 이야기, 기억나죠? 슬픔, 아픔, 그리움부터 설렘, 호기심, 기대, 자신감까지 감정의 종류는 정말 다양해요. 이런 것들처럼 분노도 하나의 감정이랍니다.

감정은 '정신적, 신체적, 행동적 요소를 가지는 다양한 느낌'으로 정의할 수 있는데요. 이게 무슨 말인지, 선우의 모습을 다시 한번 돌려 보기 하면서 이해해 볼게요.

😡 짜증이 불길처럼 솟구쳤다 / 빈정이 확 상했다.

  → 정신적 요소

😡 마음에 커다란 응어리가 맺힌 것 같았다.

  → 신체적 요소

😡 알루미늄 접시를 들어 동생 머리 위에 내리꽂았다.

  → 행동적 요소

아, 이건 선우만의 이야기가 아니랍니다. 여러분이 화났을 때를 떠올려 보면 이해가 더 잘될 거예요. 이 세 가지 일이 동시다발적으로 일어나는 걸 보면 신비롭기까지 하다니까요.

내가 잘못한 것도 아닌데 날더러 뭐라고 나무라는 소리를 들으면 내 반응은? 당연히 화가 나죠.

'잘 알지도 못하면서 뭐라고?' 기분이 확 나빠져요. (정신적 요소)

순식간에 훅 열이 올라오고 어깨에는 힘이 빡 들어가요. (신체적 요소)

그런 다음에는 "제가 그런 거 아니거든요?"라고 소리를 치면서 노려보게 되죠. (행동적 요소)

분노는 감정이에요

이 모든 일은 분노가 감정이기 때문에 일어나요. 그런데 제가 분노가 '감정'이라는 이야기를 계속 반복하는 이유가 뭘까요?

첫째, 분노는 안 느끼려고 해도 안 느낄 수가 없다는 걸 알려 주고 싶어서예요. 감정이란 아무리 안 느끼려고 애를 써도 '저절로 느껴지는' 거잖아요. 어떤 친구를 좋아하고 싶지 않은데 마음대로 되지 않는 경험, 해 봤나요? 분노도 그렇답니다. 이 책의 목표는 '분노를 잘 다루는 방법을 배우는 것'이지, '화를 아예 안 느끼는 돌부처 같은 상태가 되는 것'이 아니랍니다.

모닥불에 잘 구워진 군고구마를 꺼낸다고 생각해 보세요. 빨리 먹고 싶은 마음에 불 속에서 막 꺼낸 고구마를 맨손으로 덥석 집는다면 어떨까요? "고구마를 맛있게 먹어야 하니까 안 뜨겁다고 느끼기로 한다!"라고 해서 안 뜨거운 게 아니고, 뜨거운 걸 만지면 뜨거움을 느끼는 게 당연합니다.

분노 역시 내 가슴속에 치밀고 들어오는 느낌이기 때문에 그 느낌을 막을 방법이 없어요. "이제 나는 태연하고 즐거운 기분만 느끼기로 한다!"라고 수백 번 외친다고 해도 그렇게 되지 않는다는 뜻입니다. 처음부터 분노라는 감정을 다른 것으로 바꾸기를 목표로 하면 불가능한 일에 도전하는 것일 뿐이에요. 그렇지만 분노를 감정이라고 정의한다면, 이 감정을 없애는 것이 목표가 아니라 제대로 바라보고 다스리는 것이 목표가 될 수 있습니다.

분노가 감정임을 기억해야 하는 두 번째 이유는, 감정 그 자체는 좋고 나쁜 것으로 구분 지을 수 없다는 데 있어요. "엥? 싫은 감정, 불쾌한 감정 이런 것들은 그럼 뭐예요?" 이렇게 묻는 친구도 있겠죠? 그런 모든 감정들은 그 자체로 의미가 있어요. 어두운 밤길을 혼자 걷는 게 무서우니까 조금 멀더라도 환하고 넓은 길로 돌아가거나 누군가 마중을 나오게 하죠. 싫고 무서운 감정은 나를 안전하게 지키는 선택을 하게 만드니까, 나쁘다고만 할 수 없는 거예요.

분노도 마찬가지죠. 내 친구에게 욕설을 하는 사람에게 화를 내는 게 왜 나쁘겠어요? 범죄를 저지른 사람을 신고하는 것도 건강한 분노가 있기 때문에 가능하답니다.

그러면 분노는 왜 생기는 걸까요? 분노의 원인은 하나로 꼬집어 말할 수 없을 때가 많지만, 화가 난 이유를 찾는 건 아주 중요합니다. 그 이유를 생각하는 동안 씩씩거리면서 내뿜던 콧김도

잦아들고 '아, 이것 때문에 화가 난 거였어?'라는 깨달음도 얻게 되고 '그러면 이렇게 하면 되겠다'라는 결론에도 도달할 수 있게 되거든요. 그러면서 나에 대해 더 잘 알게 되는 건 매우 중요한 부분이고요.

무시당하면 화가 나요

분노의 다양한 원인들 중에서 가장 먼저 얘기하려는 것은 '자존감'(self-esteem)이에요. 자존감은 '자신에 대한 긍정적이거나 부정적인 감정과 평가'로 정의됩니다. 내가 사랑받을 만한 가치가 있는지, 다른 사람들에게 가치 있고 중요한 존재로 받아들여질 만한지를 판단하는 나의 시각이 자존감입니다.

내가 나를 보는 시각에 제일 크게 영향을 미치는 건 뭘까요? 바로 내 삶 속에서 중요한 자리를 차지했던 사람들입니다. 그들이 나를 어떻게 보았는지가 내가 나를 보는 시각의 토대가 되죠. 그 사람들이 나를 소중하게 대했다면 내 자존감은 건강하게 형성될 가능성이 높겠지만, 나를 왜곡된 시각으로 대했다면 나의 자존감은 훼손될 가능성이 높습니다.

내가 나를 보는 시각과 다른 사람이 나를 보는 시각은 '서로' 영향을 주고받아요. 그리고 이런 시각은 비난이나 지적을 받는 상황에서 존재감을 드러냅니다. 자존감의 뿌리가 튼튼한 사람이라면 옆에 있는 한두 사람이 날 우습게 여겨도 견딜 수 있어요. 그렇지만 자신을 탐탁지 않게 생각하는, 자존감의 뿌리가 약한 사람이라면 단 한 명만 나를 깔보는 듯한 시선으로 쳐다봐도 마음이 와르르 무너지죠.

자존감은 고정되어 있는 게 아닙니다. 얼마든지 달라질 수 있어요. 이건 좋은 소식이기도 하고 나쁜 소식이기도 하죠. 자존감이 낮은 사람도 사람들에게 진심으로 존중받고 칭찬을 받는다면 자신에 대한 시각이 점점 건강해지겠죠? 자기 스스로도 자신을 좋게 평가하게 될 거고요. 이런 사람들에게라면 좋은 소식일 겁니다. 반대로 자신감으로 꽉 차 있던 사람이라도 자꾸 옆에서 "그것밖에 못해?" 하고 윽박지르면 할 수 있던 것도 점점 더 못하게 되고, 마침내 자존감이 쭈그러들어 '난 이것밖에 안 되는 사람이야' 하고 스스로 한계를 짓게 될 텐데, 이런 사람들에겐 나쁜 소식인 셈이죠. 즉, 어떤 영향을 받느냐에 따라 자존감이 회복될 수도, 무너질 수도 있다는 이야기예요.

돌아보면 우리의 일상에는 자존감을 무너뜨리는 일들이 널려 있어요. 자존감을 든든하게 세워 줘야 할 가정과 학교에서 오히려 자존감에 금을 내는 경우가 많지요. 어른과 아이의 정체성 사이에서 안 그래도 고민이 많은데, 애기같이 굴지 말라고 했다가 어느 날은 어른 흉내 내지 말라는 아이러니한 이야기들을 듣는 친구들이 많을 거예요. 어른들의 무지막지한 분노를 그대로 받아 본 친구들도 있을 거고요. 어른들을 대표해서 제가 대신 여러분들께 사과하고 싶어요. 어른들의 건강하지 못한 분노 때문에 상처 입는 친구들이 너무 많다는 걸 알기 때문이에요.

앞의 이야기 속 선우도, 자존감에 스크래치가 많이 난 게 선명하게 보이네요. 사실 선우는 자기가 생각하는 것보다 훨씬 괜찮은 친구일 수 있어요. 바로 옆에 있는 동생과 비교하기 전까지는요. 가까운 사람과의 비교만큼 자존감을 구겨 놓는 것도 없는데, 선우는 오랫동안 비교를 당하며 살아왔을 테니 얼마나 힘들었을까요?

그런데 선우가 씁쓸하게 떠올리는 '칭찬할 것이 없는 사람에 대한 관용구'란 말, 여러분은 어떻게 생각하나요? 저는 동의하기 어려워요. 칭찬할 것이 없으니 미안해서 그냥 던지는 말이라고 굳이 생각할 필요가 있을까요? 누군가에게는 선우가 남자답게 생겼을 것이고, 목소리가 좋게 느껴졌을 거예요. 그 말을 굳이 비틀어서 왜곡할 필요는 없다고 생각해요. 사실 이건 선우의 자존감의 상태를 보여 주는 모습이기도 합니다.

학교 성적에 대해서도 이야기해 봅시다. 선우는 학교 성적에서 시우에게 밀리니 형으로서 내세울 게 없다고 느끼는 것 같아요. 그뿐 아니죠. 시우는 자기보다 친구도 많고, 여자애들한테도 인기가 많지요. 시우가 형에게 못되게 굴지 않아도, 선우는 자존감에 마구 상처를 입었을 겁니다. 문득 든 생각인데요. 시우의 이야기를 들어 본다면 선우가 느끼는 것과는 아주 다른 이야기가 될 수도 있겠다 싶어요.

그리고 선우가 폭발하던 날, 합창반 오디션 장면에 대해서도 할 이야기가 있어요. 스스로 베이스를 선택하는 체했지만 실은 다른 사람들의 시선이 두려워서, 더 정확하게 말하면 자신의 못난 모습이 드러나는 게 싫어서 선우는 시도조차 하지 않았어요. 최대한 실수를 하지 않으려고 애를 쓰면서 괜찮은 이미지를 지키려고 했죠. 그만큼 선우는 자신의 '존재 가치'에 대해 확신하지 못하고 있었던 걸로 보여요. 외면하고 싶었던 자신의 초라한 모습을 억지로 누르느라 이미 잔뜩 힘이 들어가 있던 선우, 집에 돌아와 시우가 기분 좋게 놀고 있는 꼬락서니를 보는 순간 그냥 폭발해 버렸어요. 시우는 손가락 하나 까딱 안 했을지 모르지만 선우는 이미 많은 상처를 갖고 있기에 건들기만 해도 으악 하는 반응을 하게 된 거죠.

지금까지 선우는 자신의 분하고 억울한 감정, 상처 입은 자존감을 바로 세울 방법을 찾지 못한 채 엉뚱한 방식으로 땜빵하면서 살아온 것 같아요. 유일하게 만만한 존재인 동생한테만 붉으락푸르락 하면서 말이죠. 그렇게 하는 게 비교의식을 더 키우는 것임을 알지 못한 채, 다친 상처에 소금을 뿌리는 분노의 자리로 자신을 몰아가고 있었던 선우의 모습에 가슴이 아픕니다.

그런데 우리가 무시당했다고 느끼게 되는 건 외모나 성적처럼 눈에 보이는 것 때문만은 아니랍니다. 남들 눈에는 허황되어 보이지만 내게는 소중한 장래희망이나 비전, 유일하게 숨통을 틔게 해 주는 취미, 꿈에라도 만나고 싶은 연예인, 종교적 신념, 내 마음을 그대로 옮겨 놓은 노래나 책… 이런 것들에 대한 나의 사랑이 한심하고 무가치한 것으로 취급당할 때 우리는 마치 자신이 무시당하는 것처럼 상처를 받곤 합니다.

나를 직접 공격하든, 내가 소중하게 여기는 것을 공격하든 자존감을 건드리는 건 급소를 건드리는 것과 같아요. '나'라는 존재가 위협당한다고 느끼거나 존재감을 인정받지 못할 때 많은 사람들은 '화'를 내게 되지요. 자신을 보호하고 방어하기 위한 본능적인 반응이라고 할 수 있습니다. 하지만 방어는 방어로 끝나야 하는데 과한 자기 방어는 늘 문제를 일으켜요. 선우는 상처 입은 자존감을 보호하려고 파다닥거리던 게 분노 폭발로 이어져서 결국 자기 자신과 자신을 둘러싼 관계까지 상처 입히는 결과에 이르게 됐잖아요.

여러분에게도 이런 모습이 있지는 않은가요? 자존감에 상처가 나서 화가 난다면, 잠깐 그 자리에서 멈추어 섰으면 좋겠어요. 날것으로 터져 나오는 분노는 나부터 다치게 하거든요. 이제 그만 비교를 멈추세요. 그리고 자기 자신을 있는 그대로 받아들이는 연습을 했으면 좋겠어요. 왜냐하면 여러분은 그 자체로 충분히 멋진 사람이거든요. 잠깐 화 멈추기에 성공했다면, 스스로를 칭찬해 주세요. 그리고 자신을 긍정적으로 보아 주는 사람들 곁에 있는 것도 좋은 방법입니다.

자, 그러면 우리가 화를 내게 되는 첫 번째 이유를 정리해 봅시다. 건강하지 않게 화를 내고 자신과 주변 사람들에게까지 상처를 주게 되는 이유 중의 하나는 '자존감'이 상처를 받았기 때문입니다. 그리고 자존감에 상처가 나면 무시당했다고 느낄 가능성이 높고, 이때 걷잡을 수 없이 화가 나게 됩니다.

'화가 나는 이유'를 알아야 화를 다스리는 첫걸음이 시작됩니다. 그렇지 않고 무작정 화를 누르거나 자책하거나 그냥 화를 내지르면 더 큰 문제로 이어질 수 있어요. 가장 중요한 것은 화를 내는 나 자신을 잘 들여다보는 것입니다. 이 책을 읽어 나가다 보면 나라는 사람의 감정이 어떻게 움직이고 있는지, 그리고 어떻게 표현이 되는지, 그리고 잘못된 방식으로 표현이 되고 있다면 그 원인이 무엇인지 알게 될 거예요. 분노의 문제를 해결하는 방법부터 알려 달라는 친구들의 목소리가 들리는 것 같아요. 계속 이야기했듯이 원인을 아는 것이 해결의 시작점이에요. 포기하지 말고 저를 계속 잘 따라와 주세요.

화를 다스릴 수 있는 자는
이미 세상을 다스린 자입니다.

〈탈무드〉

채은 이야기

나는 슬퍼서, 외로워서 화가 나

아인이에게 다가가 손바닥을 내밀었다.

"응? 뭐?"

아인이가 멀뚱멀뚱한 눈을 하고 나를 올려다본다.

"금요일에 가져갔잖아, 내 마블펜."

"아, 맞다. 근데 그거 집에 있는데."

아인이는 책상 위에 손거울을 세워 놓고 콧방울의 블랙헤드를 짜며 천연덕스럽게 대답했다.

"뭐?" 어처구니가 없었다.

"필통이 꽉 차서 집에 놓고 왔어."

내 이럴 줄 알았다. 나는 짜증을 꾹 누르고 최대한 부드러운 말투로 말했다.

"내가 그거 영화 시사회 갔다가 이벤트 당첨돼서 받은 굿즈라고 했잖아."

"한 번만 더 말하면 오조 오억 번임. 집에 잘 있으니까 걱정 마. 내일 갖다 줄게."

아인이의 심드렁한 한마디에 나는 결국 폭발하고 말았다.

"야! 너 진짜 왜 그러냐, 맨날?"

아인이는 그제야 나를 올려다보았다.

"어우 야, 갑자기 왜 버럭 하고 그래? 무섭게. 너 생리하냐?"

"김아인! 그 펜 내가 제일 아끼는 펜인 거 몰라? 딴 거 쓰래도 굳이 그 펜을 뽑아 가더니 그걸 집에 놓고 와? 필통이 꽉 차서? 말 같은 소릴 해야지. 넌 애가 맨날 왜 그러냐?"

명치까지 차 있던 말을 다다다다 숨도 안 쉬고 뱉었다. 아인이가 몹시 당황스럽다는 얼굴로 나를 쳐다보며 물었다.

"너 왜 그래? 내가 맨날 뭘 어쨌는데?"

아무것도 모른다는 듯 억울한 강아지처럼 눈 동그랗게 뜨는 것 봐라, 저거.

"맨날 약속 어기면서 뻔뻔하잖아, 너!"

아인이가 손거울을 두 손으로 꽉 움켜쥐고는 낮은 목소리로 또 박또박 말했다.

"오채은. 내가 네 펜을 훔쳐 가길 했어, 부러뜨리길 했어? 잃어 버린 것도 아니고 집에 잘 있다고 했잖아."

잘못이라곤 전혀 없다는 듯 항변하는 그 아이의 뻔뻔함을 더는 참을 수 없었다.

"극혐이다, 정말."

그 말에 아인이의 얼굴이 확 굳었다.

"뭐? 너, 너… 말 다 했어?"

목소리까지 떨어 가면서, 내숭 떤다, 진짜.

뭔가 한마디를 더 내질러 주려고 숨을 크게 들이켜는 찰나에 유민이와 규희가 황급히 우리 둘 사이를 가로막았다. 이대로 놔뒀다간 큰 싸움이 날 것 같았나 보다.

종일 기분이 더러워 미칠 것 같았다. 점심도 거르고 운동장을 세 바퀴나 돌았지만 분한 마음이 가라앉지 않았다. 중학교 마지막 중간고사가 당장 다음 주고, 그 뒤로 줄줄이 이어지는 기말고사, 고입 원서 접수까지 신경 쓸 게 얼마나 많은데 이 무슨 감정 낭비, 시간 낭비인가 싶어 화딱지가 났다.

게다가 방금 나랑 대차게 맞붙고도 아무 일 없었던 것처럼 애들이랑 헤헤거리는 아인이를 보니 더 열불이 났다. 저 애는 아무리 애를 써도 도무지 좋아지지가 않는다. 수업이 끝나고 종례를 마칠 때까지 나는 화가 조금도 풀리지 않았다.

집에 가는 길에 유민이와 규희가 나를 납치해서 떡볶이집에 데려갔다. 스트레스는 먹는 걸로 풀어야 한다며 가장 매운 단계의 떡볶이를 시켜 주었다. 원래 우리는 아인이까지 네 명이 항상 같이 다녔다. 사실 나는 처음부터 아인이가 못마땅하고 거슬렸지만 다른 애들이 다 아인이를 좋아하니까 아무 말 못 하고 그냥 같이 다녔었다.

"오채은, 너 아인이한테 왜 그래?"

유민이가 조심스럽게 물었다.

"내가 뭘?"

"아인이가 뭐만 했다 하면 민감하게 반응하잖아."

"내가 민감한 게 아니라, 걔가 개념 없이 행동을 하잖아."

"아인이가 개념 없이 행동한다고? 어떤?"

규희가 갸우뚱거리며 묻자 살짝 기분이 나빠지려 했다.

"걔 약속 안 지키는 거 하루 이틀이야? 기억 안 나? 개교기념일, 우리 조조영화 보기로 한 날! 늦잠 자고 버스까지 늦게 왔다면서…. 걔 때문에 그날 우리 다 영화 못 볼 뻔했잖아. 늦은 주제에 실실거리면서 혀 짧은 소리나 하고!"

"그래도 시작 전에 도착해서 영화 잘 봤고, 끝나고 아이스크림도 샀잖아."

"번번이 늦으면서 미안한 줄을 모르잖아! 헤헤거리면서 그냥 넘어가고."

"에이, 안 미안했으면 걔 사정에 아이스크림까지 샀겠냐?"

애들이 김아인을 계속 감싸자 목덜미에 점점 열이 올랐다.

"그뿐이 아니잖아! 오늘 컵라면 쏜다, 시험 끝나면 노래방 가자, 내일 책 꼭 갖다 준다, 지가 먼저 말 던져 놓고 한 번이라도 제때 지킨 적 있냐고!"

"야, 우린 뭐 안 그러냐? 너 이상하게 아인이한테만 빡세더라? 나는 걔 사정 아니까 다 이해되던데."

나를 나무라면서까지 아인이 역성을 드는 유민이가 얄미웠다.

"아니, 지 잘못은 하나도 없는 것처럼 굴잖아! 갑자기 일 생겼다, 집에 할머니 오셨다, 용돈을 아직 못 받았다. 맨날 변명, 또 변명. 왜 우리만 다 이해해 줘야 하는데?"

규희가 눈썹을 찌그리며 나를 쳐다보았다.

"아인이 엄마 편찮으셔서 걔 혼자 집안일 다 하고, 동생들 아침저녁 차리고 숙제 봐주느라 정신 없어. 너도 알잖아. 올해 내내 그랬어. 나 보고 하라면 절대 못 해. 아인이가 좀 깜빡깜빡하고 덜렁대도 난 너무 안쓰럽더라."

약속이나 한 듯이 아인이 편만 드는 친구들 반응에 말문이 턱막혔다.

"아인이가 힘든 티 안 내고 항상 웃고 긍정적인 거 진짜 대단하지 않아?"

"응, 나는 채은이 네가 왜 그렇게 아인이를 거슬려 하는지 이해가 안 돼."

어이가 없다. 친구라고 믿었던 애들이 아인이를 대놓고 편들고있다.

"그러니까 너네는 내가 문제라는 거네? 걔 잘못은 하나도 없고?"

규희가 당황해서 재빨리 말을 바꾼다.

"그게 아니라, 우리는 네가 쪼끔 예민한 것 같다 그 얘기지…"

나만 인정머리 없고 나만 못된 인간인 거다. 나는 우리의 우정에 회의를 느꼈다.

"그래, 착한 아인이랑 잘들 지내라. 성질 더러운 나는 빠져 줄게."

나는 테이블 위에 딱 소리가 나게 포크를 내려놓고 떡볶이 집을 나와 버렸다.

다시 말하지만, 난 처음부터 아인이가 별로였다. 아인이 눈 밑의 점, 그 까맣게 도드라진 점을 처음 봤을 때 얼마나 거슬리고 꼴 보기 싫었는지 뭐라고 표현할 수가 없다. 그리고 역시나 첫인상은 거짓말을 하지 않았다. 걔가 약속을 어길 수밖에 없었던 상황을 아무리 구구절절 설명해도 내 귀에는 그저 핑계요 변명으로밖에 들리지 않았다. 그 애의 어떤 말도 신뢰할 수 없었다. 저러다 또 어기고, 저리 말해 놓고 또 번복할 게 뻔하니까. 내 눈에는 아인이의 실체가 이토록 명확히 보이는데 어째서 다른 애들 눈에는 보이지 않는 걸까? 심지어 아인이를 미화하며 두둔하고 있다. 화가 나서 미칠 것 같다.

오늘은 학원에 가지 않기로 했다. 학원을 땡땡이쳐도 우리 집엔 뭐라고 하는 사람이 없다. 엄마는 오늘도 늦게 들어올 것이다. 벌써 일주일째다. 냉장고에 반찬도 다 떨어졌다. 오늘 아침에 엄마는 기필코 12시 전에 들어오겠다고 했지만 나는 그 말을 믿지 않는

다. 엄마가 월드컵 아시아 지역 예선전이자 한일전이라는 엄청난 대목에 홀랑 집에 들어올 리가 없다. 혹시나 하고 기다리다가 밤잠을 설친 게 어디 한두 번이었나?

아빠가 암으로 갑작스럽게 돌아가신 후 엄마는 당시 여덟 살 외동딸인 나를 키우기 위해 정말이지 억척스럽게 살았다. 전업주부였던 엄마는 아빠의 사망보험금으로 치킨 집을 냈다. 다행히 엄마의 가게는 평점이 괜찮았다. 덕분에 엄마는 늘 바빴고, 종일 닭을 튀기다 집에 돌아온 엄마의 몸에서는 땀과 기름이 뒤섞여 꿉꿉하고 눅진한 냄새가 났다.

엄마가 늦어서 전화하면 술기운에 흥이 잔뜩 오른 아저씨들의 목소리가 전화기로 빨려 들어왔다. 엄마는 간드러지는 하이톤으로 "잠시만요. 금방 갖다 드릴게요!" 대답하고는 나한테는 "왜? 바쁘니까 끊어" 하고 퉁명스럽게 말하곤 했다.

엄마는 작년 내 생일에 아이폰 신상을 사 주겠다고 약속했지만 지키지 않았다. 기다리다 못해 내가 먼저 말을 꺼냈더니 엄마는 "내가 그런 약속을 했었니?" 하며 얄밉게 웃었다.

"요새 정신줄을 어디다 놓고 다니는지…. 엄마 눈코 뜰 새 없는 거 너라도 이해해 줘야지. 좀만 기다려. 요번 달은 빠듯해서 어렵고, 다음 달에 꼭 바꿔 줄게."

하지만 언제나 그걸로 끝이었다. 나라는 존재는 엄마의 뇌 속 어디쯤에 들어 있을까? 지금껏 엄마는 수학 여행비를 입금해야 하는 날도, 진학 상담 하는 날도, 용돈 주는 날도 먼저 기억한 적이 없었다. 당일 아침까지 기다리다가 겨우 말을 꺼내면 엄마는 그제야 미안한 얼굴로 정신이 없었다고 변명했다. 어떤 날은 "약속은 했지만 날짜를 정한 건 아니었잖아" 하며 우겼다. 엄마는 핑계쟁이고 변명쟁이고 합리화쟁이다. 이제 나는 엄마 말을 믿지 않는다. 믿었다가 또 실망하기 싫기 때문이다.

냉장고에서 우유를 꺼내다가 냉동실 문에 붙은, 엄마와 작년 여름에 제주도에서 찍은 사진을 흘깃 보았다. 환하게 웃고 있는 엄마 왼쪽 눈 밑의 까만 점을 보자 이유 없이 심사가 뒤틀렸다. 나는 휴대폰을 꺼내 엄마에게 전화했다.

"왜? 지금 바빠."

역시나 퉁명스러운 말투. 딸은 안중에도 없다는 목소리.

"집에 반찬이 하나도 없어."

"여태 저녁을 안 먹었어?"

"어."

"그럼 얼른 짜장면이라도 시켜 먹어."

"짜장면 질렸는데?"

"그럼 짬뽕 시켜 먹어."

"나 짬뽕 싫어하는데?"

잠시 엄마의 침묵. 깊은 들숨.

"채은아, 주문 계속 들어온다. 엄마 닭 튀겨야 해. 얼른 전화 끊어."

"나 지금 나가."

엄마가 화들짝 놀라 묻는다.

"11시가 넘었는데 이 밤에 어딜 가?"

"치킨 먹으러."

"이 밤에 가게로 오겠다고?"

"아니."

"무슨 소리야? 가게로 온다는 거야, 만다는 거야?"

"엄마네 치킨은 냄새만 맡아도 토 나와. 집 앞에 교촌 갈 거야."

수화기 너머로 기가 차서 목구멍에서 터지는 "하!" 소리가 얼핏 들렸다.

"야, 오채은!"

그럴 줄 알았다. 엄마가 버럭 소리를 질렀다.

"너 지금 뭐 하자는 거야? 엄마가 니 친구야? 교촌을 먹든 굽네를 먹든 네 맘대로 해!"

뚝. 전화가 끊겼다.

헐! 어이가 없다. 지금 누가 누구한테 화를 내는 거야? 약속을 또 어긴 게 누군데, 어떻게 저렇게 뻔뻔할 수가 있지? 으아아! 빈말 던져 놓고 아무렇지 않게 약속 펑크 내는 인간들이 세상에서 제일 싫어!

화가 머리끝까지 나서 손이 부들부들 떨린다. 가뜩이나 아인이 그 계집애 때문에 종일 기분 더러웠는데, 왜 엄마까지 나한테 이러는 거냐고!

'분노는 감정이다'라는 사실을 다시 한번 떠올려 봅시다. 여기서는 감정으로서의 분노가 가진 또 다른 면을 짚어 보려고 해요. 첫째, 모든 감정은 그 자체로 의미가 있어요. 이성 친구와 사귀면서 행복하다는 감정을 느낄 때 그 행복감 자체만으로 만족하고 가치 있게 느끼는 것처럼요. 둘째, 감정이란 건 겉으로 드러나는 감정 외에 또 다른 종류의 감정들을 담고 있는 경우가 많아요. 지금 내가 연애를 하면서 느끼는 행복감 뒤에는 헤어진 첫사랑을 향한 아쉬움, 듣자 하니 아직까지 솔로로 지낸다는 그 아이에 대한 승리감 등이 뒤섞여 있을 수도 있어요. 또는 이 행복이 사라지면 어쩌나 하는 걱정도 섞여 있을지 모르고요.

분노 뒤에 숨은 감정들

그렇다면 분노라는 감정 뒤에 숨은 감정들로는 어떤 게 있을까요? 제일 흔한 건 '슬픔'이에요. 채은이의 분노에서도 슬픔의 잔향이 느껴집니다. 먹고살아야 하니까 엄마가 늦게까지 일해야 되는 건 채은이도 잘 알고 있지요. 그렇대도 밤늦게까지 혼자서 엄마를 기다리는 게 힘든 건 사실이죠. 채은이는 슬프고 우울한 감정에 시달렸을 거예요. 그런데 채은이의 행동을 보면 '슬픔'이라는 감정을 뒤에 감추고 '분노'를 선택했어요.

사귀던 친구와 헤어지는 장면을 떠올려 볼까요? 알콩달콩 잘 지내던 친구가 어느 날 갑자기 "우리 이제 그만 만나자. 사실 난 처음부터 네가 별로였어" 하고 얘기한다면 "흥, 누구는 좋아서 만난 줄 알아? 인간 하나 구제해 주는 셈 치고 만나 줬더니 네가 먼저 나를 차?" 하고 버럭 소리를 지르게 될지도 몰라요. 이 순간의 분노 또한 슬픔 대신에 느끼는 감정이기도 해요. 어쨌든 사랑했던 친구가 나를 떠나가는 거잖아요. 나라는 존재가 거절당하는 순간이자, 내가 꿈꾸던 핑크빛 사랑이 펑 터져 버리는 순간이기도 하고요. 당연히 속이 상하고 마음이 아프죠. 그런데 가만, 슬퍼하는 건 어쩐지 지는 것 같잖아. 매달리고 싶지 않아. 그래서 나도 모르는 사이에 슬퍼하는 대신 화내는 쪽을 선택하는 겁니다. 물론 사람마다 감정을 표출하는 방식이 다르기 때문에 모든 사람이 이런 선택을 하는 건 아니지만, 많은 사람들이 자신의 진짜 감정을 감추고 분노를 선택할 때가 많아요.

　분노 뒤에 잘 숨는 또 다른 감정으로는 '외로움'이 있어요. 학교에서 일어날 수 있는 일을 떠올려 볼게요. 내 짝이 어제 봤던 드라마 이야기를 하는데, 주변에 애들이 다 몰려들어서 그렇게 재미있게 들을 수가 없어요. 내 짝은 등장인물의 흉내를 내고 짬짬이 자기 나름의 견해까지 섞어 가면서 이야기를 하죠. 아이들은 내 짝의 이야기에 얼굴이 아플 정도로 웃어 대면서 이렇게 말합니다. "아 웃겨, 너 유튜브 해라. 구독자 1만 금방일걸?"

그런데 내가 보기엔 내 짝의 이야기가 그렇게 대단한 게 아니에요. 나도 얼마든지 그 애보다 더 잘할 수 있을 것 같죠. 그래서 그날 밤에 잘 보지도 않던 드라마 시리즈를 열심히 봤어요. 다음 날 학교에 가자마자 "얘들아, 너네 어제 그거 봤어?" 하면서 얘기를 시작하는데, 아무도 들으려고 하지 않네요. 꺼낸 말을 맺기는 맺어야 할 텐데 어떻게 끝내야 할지도 모르겠고, 목 뒤로는 식은땀이 줄줄⋯ 이것들이 날 무시하나? 빠지직 자존감에 금이 가는 소리가 들려오죠. 날 좋아해 주는 사람이 없구나, 뼈 때리는 외로움이 엄습해요. 그런데요, 외로움이라는 감정은 마주치고 싶지도 않고, 인정하고 싶지도 않은 감정이거든요. 그런 감정이 드는 자신을 쿨하게 용납하기 어려운 게 사람의 마음이에요. 그래서 화를 내게 되는 거예요. '아, 됐어, 관둬, 그만해!' 그리고 외로움이라는 감정을 표출하는 건 복잡하고 쉽지 않아요. 그런데 분노는 표출하기가 쉽고 표출하고 나면 그때만큼은 이상하게 시원한 감정이 들어요.

절망이나 공포 같은 감정들 대신에 분노가 나타나기도 합니다. 이쯤에서 눈치채셨죠? 분노를 대체하는 감정들은 웬만해선 마주치고 싶지 않은 감정이라는걸요. 슬픔, 외로움, 절망, 공포 같은 건 아무도 바라지 않잖아요. 마주치고 싶지 않은 불편한 감정들을 뭉뚱그려서 분노로 표현하는 것, 이것은 분노의 두 번째 원인으로 연결됩니다.

분노를 일으키는 내 마음의 비밀

화가 나는 두 번째 이유는 바로 '자신의 마음' 때문이랍니다. '엥? 그 인간이 잘못해서 화가 나는 건데 왜 자꾸 내 마음을 들먹거리는 거지?'라는 의문이 들지도 모르겠네요. 물론 100% 그 인간 잘못일 수도 있어요. 하지만 모든 결론이 '에이, 나쁜 X!'로 맺어져서는 안 돼요. 왜냐고요? 어디에서든 소위 나쁜 X들을 만날 가능성이 있기 때문이죠. 우리가 사는 세상은 천국이 아니고 수많은 문제들이 도사리고 있는 그야말로 고해(苦海), 고통의 바다니까요. 어떤 사람도 이 사실을 피해 갈 수 없어요. 그럼 이런 부조리한 세상을 원망하며 살아야 할까요? 아니죠. 원망하며 사는 게 더 힘들어요. 험난한 세상, 어차피 걸어가야 하는 삶이라면 우리는 자신의 마음에 집중해야 합니다. 분노를 일으키는 것도 내 마음이고, 분노를 다스릴 수 있는 것도 내 마음입니다. 분노와 내 마음의 연결고리를 제대로 알면 활화산 같은 마음도 잠잠하게 다룰 수 있습니다.

지금부터는 화가 마음속 어디에서부터 어떻게 폭발하는지 설명해 볼게요. 사람들은 누구나 마음이 평안하기를 원해요. 온갖 사건 사고들이 터지는 세상 가운데 살다 보니 내 마음은 어떻게든 평화를 유지하려고 기를 쓰고 노력한답니다. 나를 지키려는 내 마음의 움직임, 이걸 조금 어려운 전문 용어로 '방어기제'(defence mechanism)라고 불러요. 방어기제는 '나를 위협할 수 있는 불안하고 걱정스러운 생각들을 다른 방식으로 처리하려는 시도'라고 볼 수 있어요. 지금부터 방어기제에 대해 하나씩 알아볼게요.

첫 번째 방어기제, 전이

'전이'(轉移)란 예전에 내가 알았던 사람과 현재 내 앞에 있는 사람을 나도 모르게 똑같이 생각해서, 이전에 알았던 사람에게 느꼈던 감정을 현재의 이 사람에게 옮기는 현상이에요. 전이는 생각보다 흔하게 나타납니다. 어렸을 때 단짝이었다가 대판 싸우고 멀어진 친구가 있는데, 새로 진학한 학교에서 어딘가 그 친구가 떠오르는 아이를 본다면 마음이 불편하겠죠. 이런 것이 전이의 쉬운 예입니다. 그런데 꼭 나쁜 감정만 전이가 되는 건 아니랍니다. 내 최애 아이돌이랑 어딘가 모르게 비슷한 데가 있는 이성을 보면 금방 한눈에 빠져들겠죠? 내가 공들여 좋아하던 감정이 그 친구에게 전이된 거예요. 전이는 나에게 도움이 될 수도 있고, 해가 될 수도 있어요. 다른 친구들은 다 어렵다고 하는 담임 선생님이 나는 아무렇지도 않은 건 내가 존경하는 외삼촌의 모습이 보여서 그럴 수 있어요. 덕분에 담임 선생님께 꼭 해야 했던 이야기를 편하게 할 수 있었다면 도움이 된 경우겠고요. 채은이의 경우는 아인이에게서 엄마의 안 좋은 면을 떠올려 화가 펄펄 끓게 되었으니, 해가 된 쪽이네요. 아인이가 펜을 안 가져온 건 잘못한 일이지만 그렇게까지 펄펄 뛰면서 화를 낼 일은 아니지 않을까요. 채은이는 아인이의 눈 밑의 점을 보고 엄마를 떠올렸을 가능성이 높아 보여요. 그냥 점만 똑같은 게 아니라 아인이도 엄마도 채은이에게 외로움과 슬픔을 안겨 주었다는 면에서 너무 닮은꼴인 거죠. 외롭기도 싫고 슬퍼하기도 싫으니까 버럭 화를 내는 동안, 내 마음은 나름대로 평안을 찾은 셈이죠. '난 지금 외로운 것도 슬픈 것도 아니야. 그냥 다 엄마가 잘못한 거고, 아인이가 잘못한 거야.' 여기에서 우리 마음은 두 번째 방어기제로 넘어가요.

두 번째 방어기제, 투사

'투사'(投射, projection)는 자기 안에 들어 있는 분노와 짜증, 충동 등을 남에게 던져 버리는(投: 던질 투) 마음의 작동 방식이에요. 용납할 수 없는 자기의 문제를 외부에 원인이 있는 것으로 생각하는 방어기제이기도 하죠. 누군가에게 화가 날 때, 그 사람이 자기에게 화를 냈기 때문에 자신도 그 사람에게 화를 낸다고 생각하는 겁니다.

채은이와 엄마의 마지막 통화 장면을 다시 들여다봅시다. 엄마가 화를 버럭 냈기 때문에 채은이도 맞받아쳐 화를 내긴 했지만, 실은 채은이가 먼저 엄마를 화나게 만들었다는 게 또렷이 보이지 않나요? 채은이는 아빠가 갑자기 돌아가시면서 엄마와 단둘이 치열한 삶의 현장에 내던져져야 했지요. 어느 정도 적응이 되었다고 생각했지만 외로움과 슬픔은 면역이 잘 안 생기는 법이죠. 온 가족이 공부하라고 밀어 주는 집도 있던데, 내가 공부를 하는지 밥을 먹는지도 모르고 정신없이 일만 하는 엄마라니. 밤낮 없이 열심히 살아야 겨우 조금 나은 미래를 꿈꿀 수 있을 뿐인데, 잘 안 되면 다 내 책임이 되는 상황이 채은이는 얼마나 원망스러웠을까요. 엄마가 힘든 건 알지만 그래도 하나뿐인 딸인데 어떻게 이렇게까지 내 생각을 안 해 줄까? 이런 생각을 할 때면 정말 속이 상했겠죠. 그런데 대놓고 엄마한테 화를 내자니 그건 못 하겠고, 그렇다고 혼자 삼키려니 괴롭고… 마침내 채은이는 엄마를 슬슬 긁어서 화를 돋우는 데 성공했어요.

물론 채은이는 자기가 엄마 속을 긁었다는 생각은 별로 하고 싶지 않을 거예요. 도리어 엄마가 나에게 화를 냈으니까 난 엄마한테 화를 내는 게 당연해, 나는 어디까지나 피해자야 같은 생각을 하기 쉽겠지요. 자기가 화내도 괜찮을 만한 그럴듯한 상황이 필요했어요. 아, 그렇다고 채은이가 일부러 잔머리를 굴린 건 아니에요. 마음의 평화를 얻기 위해 내 마음이 나도 모르는 새 이리저리 작동한 결과일 뿐이에요.

투사가 잘 드러나는 또 다른 예를 하나 들어 볼게요. 그림 대회에 나간 학생이 있어요. 어떻게든 입상을 해야 생기부에 올릴 수 있어서 열심히 그림을 그렸는데 결과가 좋지 않았어요. 집에 오는 길에 정말 화가 났죠. 처음에는 자신의 컨디션을 탓해요. 그렇지만 만일 나쁜 컨디션 때문에 잘 안된 거라면 결국 자기 탓이 되고, 내 실력이 부족했기 때문이라고 받아들이면 괴로우니까 마음의 평화를 위해 무언가 탓할 '거리'를 계속 찾아 헤매죠. 형편없는 기준으로 채점했을 심사위원들 때문에 화가 나고, 청소년들을 입시 지옥으로 몰아넣는 어른들에게 화가 나고…. 대학만이 인생의 전부인 양 부르짖는 부모님을 떠올릴 때에는 열이 뻗쳐서 참기 어려울 정도가 됐어요. 집에 들어서는데 엄마가 바로 물어보네요. "오늘 그림 잘 그렸니?" 엄마 딴에는 관심을 보인다고 한 얘기인데, 나에게는 '네가 잘할 리가 있겠니? 미술학원 가서 그림은 안 그리고 맨날 놀기만 했으니…' 하는 소리로 들리죠. 입시 준비가 제대로 안 되고 있다는 걱정과 실패의 슬픔을 느끼기에는 너무 지쳐 있는 터라, 이 친구는 너무나 쉽게 화내기를 선택합니다. 지쳐서 돌아온 아들한테 지적질부터 하는 엄마라니! 내가 이렇게 화가 난 건 다 엄마 때문이야! 그러면서 버럭 화를 내는 걸로 하루를 마감하죠. "내 일에 참견 좀 하지 마, 제발! 나 좀 혼자 있게 내버려 둬!"

자기 잘못은 보지 못하고 다른 사람의 잘못만 보는 사람들은 투사라는 방어기제를 열심히 사용하고 있는 경우가 많아요. 내가 뭔가 잘못했고 내 능력이 요것밖에 안 된다는 걸 받아들이면 마음이 무너지니까, 가만히 당하기보다는 화라도 내는 게 좋겠다고 마음이 결정을 내리는 거예요. 다른 사람의 문제들을 지적하면서 화를 내면 그 순간은 마음이 편해지거든요.

마지막으로, 조금 특별한 투사를 소개합니다. 내가 좋아하지 않는 나의 모습을 상대방에게서 발견할 때 그걸 못 견디는 것도 투사의 일종입니다. 천사표로 소문난 사람은 또 다른 '천사표'를 봐 넘기질 못해요. 왜냐고요? 그 착한 미소 뒤에 짜증과 분노가 얼마나 빼곡히 장전되어 있는지 자기를 보아서 잘 알거든요. 그래서 다른 친구들이 그 아이를 좋아해도 나만은 그 아이에게 너무 쉽게 화가 나요. 또는 겉으로 마음이 엄청 넓은 척하지만 실제로 그렇지 못한 사람은, 자기 고집이 세거나 편견에 사로잡힌 이들을 보면 각을 세우고 화를 내요. 사실은… 내 속의 진짜 내가 그렇기 때문이에요.

자, 이제 마무리를 해 볼까요.

화의 원인으로 '전이'와 '투사'에 대해 알아봤어요. 전이와 투사라는 마음의 작동 방식 때문에 화가 난다는 걸 아는 게 왜 중요할까요? 우리가 어떤 사람 때문에 화가 난다면 그 사람이 달라져야 화가 덜 날 거라고 생각하기 쉬워요. 하지만 그건 불가능해요. 아인이도, 채은이의 엄마도, 그 모습대로 살아온 게 하루이틀이 아니기 때문에 내가 몇 번 불끈 화를 낸다고 해서 달라지지 않을 거거든요. 우리는 다른 사람의 감정이나 생각을 억지로 바꿀 수 없어요.

그렇지만 내가 내 마음을 다스리는 건 충분히 가능하지요. 물론 절대로 쉬운 일은 아니에요. 하지만 전이와 투사에 사로잡혀 상대방만 탓하는 것을 멈추고 내 마음이 어떻게 움직이는지 찬찬히 볼 수 있다면, 나와 남을 다 태워 버릴 것 같은 기세의 분노도 조금은 잠잠하게 만들 수 있을 거예요.

화는 당신에게
변화가 필요하다는 신호입니다.
마셜 로젠버그

준하 이야기

나는 내 원칙이 공격받을 때 화가 나

제목 : 원장님, 안녕하세요?

보낸 사람 : 김준하

받는 사람 : 문지현 원장님

원장님! 안녕하세요? 저는 김준하라고 합니다.

지난 6월 마지막 주 일요일에 원장님이 오셔서 '내 아이 자존감 지키는 양육법' 특강을 해 주신 산포교회의 고등부 학생입니다.

그때 강의 끝나고 로비에서 엄마랑 인사도 드리고 명함도 받아 왔는데 혹시 기억이 나실까요? 그날 제가 궁금한 게 많다고 했더니 원장님께서 메일로 보내 달라고 말씀하셨어요. 벌써 두 달이 지났네요. 그사이 기말고사 보고 방학 하고 보충 수업 받고 교회 수련회 다녀오고 또 개학하고… 정신없이 흘러갔지만, 불쑥불쑥 원장님 말씀이 자주 생각났습니다.

그래서 마침내… 메일을 쓰게 되었답니다.

그날 원장님이 저한테 그러셨죠.

제가 툭하면 짜증 내고 버럭 한다고 말씀드리니까 (정확히 말하면 엄마가 원장님께 일러바친 거지만요.) 저에게 어떨 때 제일 화가 나는지, 또 무슨 이유로 화가 나는지 스스로를 잘 살펴보라고 하셨어요. 그래서 제가 각 잡고 아주 냉철하게 객관적으로 저를 들여다보았는데요.

제가 내는 짜증과 화의 90% 이상은 '상대방의 행동이나 태도' 때문에 생기는 거였어요. 제 마음이 비뚤어져서 화낼 일도 아닌 일에 버럭 하고 짜증 부리는 거라면 제가 반성하고 고쳐야 하는 게 맞습니다. 하지만 남들이 개념 없고 몰상식하게 행동하는 것 때문에 화가 나는 건 어떻게 해야 하나요? 그런 화는 정당한 거 아닌가요? 화와 짜증은 나쁜 거니까 무조건 참아야 하나요?

원장님의 이해를 돕기 위해 오늘 저한테 일어난 일을 순서대로 적어 보겠습니다.

오늘 저는 여러 번 화를 냈습니다. 화를 냈다는 건 부정하지 않겠습니다. 그러나 오늘 제가 당한 일들을 들어 보시면 원장님도 저를 이해해 주실 수밖에 없을 거예요. 음… 이야기가 좀 많이 길어질 수도 있을 것 같습니다.

오늘은 일요일이어서 교회에 갔습니다.

중고등부 예배는 오전 9시부터 10시까지인데요. 꼭 목사님 설교 중간에 들어오는 애들이 있어요(이미 예배가 절반쯤 지난 시간). 밤새 게임하고 유튜브 보다가 늦잠 자서 지각한 거죠. 심지어 예배 다 끝나고 소그룹 모임 시간에 맞춰서 오는 애들도 있어요. 걔네는 그냥 애들이랑 놀려고 오는 거예요.

근데 걔들이 우당탕 예배 중간에 들어와서 뭐 하는지 아세요? 끝날 때까지 폰 해요. 설교 시간에 앱으로 성경 찾는 척하면서 유튜브 봐요. 무선 이어폰 끼고요. 아니면 자요. 아예 고개를 책상에 처박고요. 목사님이 뭘 물어봐도 입 꼭 다물고 지들끼리 키득키득…. 카톡 소리는 기본이고, 심지어 시리까지 대답해요. 어떨 때는 예배드리는 동안 다섯 번도 넘게 전화벨이 울립니다.

하아! 이건 예배가 아니라 완전 시장 바닥이라니까요. 극강의 무례함이죠. 예배 제대로 드리는 애들이 얼마나 방해를 받는지 몰라요. 앞에 서 계신 목사님한테 제가 죄송해 죽겠다니까요.

원장님, 저는 정말 이해가 안 가요.

하나님을 정말로 믿는다면 예배 시간에 졸릴 수가 있나요? 오히려 하나님의 말씀을 듣는데 잠이 번쩍 깨야 맞는 거 아니에요? 심지어 예배 시간에 딴짓을 한다? 말도 안 되죠.

저는 토요일 밤에 절대 늦게 자지 않으려고 노력해요. 좋은 컨디션으로 예배에 집중하려고요. 그리고 예배 시간 전에 꼭 폰을 비행기 모드로 바꿔 놔요. 저는 이게 상식이라고 생각합니다. 물론 애들한테 잔소리는 안 해요. 꼰대다 재수 없다 욕할 테니까. 근데 계속 참으려니까 진짜 미치겠어요. 속이 부글부글하고, 짜증 나고…. 아니, 그딴 식으로 할 거면 교회를 왜 다니죠? 믿음이라는 게 쥐똥만큼이라도 있다면 절대 그럴 수 없다고 생각합니다!

암튼, 오늘 아침부터 이미 기분이 엉망이었습니다.

예배랑 모임 다 끝나고, 교회 친구랑 영어학원 주말반 수업 들으러 버스를 타러 갔어요. 근데 그때 친구 폰으로 DM이 왔어요. 제 여친이 보낸 거더라고요.

'옆에 준하 있으면 당장 나한테 전화하라고 해!'

그 순간 아차 싶었죠. 사실 금요일 저녁부터 제가 여친이랑 연락이 안 됐거든요. 그럴 수밖에 없는 이유가 있었어요. 금요일 낮에 폰 액정이 깨져서 저녁때 가서 수리를 맡겼는데 월요일에 찾으러 오라는 거예요. 근데 제가 정신이 없어서 주말 내내 폰을 못 쓰게 됐다는 연락을 여친한테 깜빡하고 못 한 거죠. (제가 미쳤죠.)

폰이 없으니까 뇌를 서비스센터에 떼어 놓고 온 것처럼 몽롱하더라고요. 게다가 그날 밤에 가족 모임이 있었어요. 같이 살던 막내 삼촌이 어제(토요일) 결혼식을 해서 하루 전날(금요일) 집에서 마지막 파티를 했거든요. 밤늦게까지 삼촌이랑 이런저런 이야기를 하느라 노트북 켤 생각을 전혀 못 했어요.

그리고 결혼식 당일에는 식장에서 축의금 받는 일을 했고, 결혼식 끝나고 나서는 어른들이 용돈 주셔서 사촌들이랑 롯데월드에서 놀다 들어왔는데, 그 바람에 무려 이틀이나 잠수 탄 남친이 된 거예요.

친구 폰으로 영통을 걸었더니 여친이 불같이 화를 내더라고요. 제 얘기도 안 들어 보고 다짜고짜 화부터 내니까 기분이 나빴지

만 일단 참았죠. 빨리 마음을 안 풀어 주면 큰일 나겠다 싶어서 학원을 째고 여친을 만나러 가기로 했어요.

그래서 친구한테 부탁을 했죠. 제가 그때 짐이 좀 있었거든요. 엄마가 교회 집사님 통해 채소를 주문하신 건데, 엄마는 딴 데 볼일 있다고 저더러 집에 가져다 놓으라고 시키셨어요. 학원이 집 가는 길 중간에 있으니까 가는 길에 좀 들고 가라고요. 싫었지만 어쩌겠어요. 그 정도는 아들로서 당연히 할 일이잖아요. 근데 여친 연락을 받고 계획이 급변경된 거죠. 그래서 친구한테 부탁을 했어요. 학원 끝나고 집에 배달해 주면 나중에 크게 쏘겠다고요.

근데 얘가 싫다는 거예요. 사정사정했죠. 나 지금 당장 안 가면 여친이랑 끝장난다, 좀 도와줘라. 근데 이놈이 절대 싫다는 거예요. 모양 빠지게 겉에 '햇양파' '세척 당근'이라고 인쇄된 박스를 들고 어떻게 학원을 가냐면서요. 학교 애들이 사진 찍어 SNS에 올리고 두고두고 놀릴 텐데 절대 안 된다고요. 게다가 20킬로그램이 넘는 무거운 짐을 어떻게 당연한 듯이 자기한테 맡기냐며, 그냥 저더러 들고 여친 만나러 가라는 거예요! 진짜 웃기는 놈이라면서요. 그럼 학원에다라도 맡겨 줄 수 없겠냐 했더니 그것도 싫대요. 저는 한시가 급해 죽겠는데….

너무 열이 받았어요. 어떻게 친구란 놈이 절친이 여친이랑 깨질 판인데 이런 사소한 부탁 하나 안 들어주나 싶더라고요. 만약 얘가 부탁했다면 저는 분명히 들어줬을 거거든요. 친구라면 그 정도는 해 줘야 맞는 거잖아요. 그래서 제가 뭐라뭐라 좀 싫은 소릴 좀 했어요. 그랬더니 걔가 뭐랬는 줄 아세요?

"내가 니 셔틀이야? 너는 그렇게 내가 만만하냐?" 하고 홱 가 버리는 거예요.

와… 뒤통수…. 저는 결국… 박스 두 개를 양손에 들고 여친을 만나러 갔습니다.

얼마나 X팔리고 울화통이 터지던지…. 우리의 8년 우정에 회의를 느꼈습니다. 원장님, 이건 정말 너무 아니지 않나요? 어우, 생각하니까 또 화가 올라오네요.

암튼 그러고 여친을 만났는데요. 근데 얘가 무슨 작정을 하고 나온 것처럼 텐션이 장난이 아닌 거예요. 그동안 연락 안 되는 문제로 쌓인 게 많다며 저를 막 몰아세우기 시작하는데…. 어우 오만 정이 다 떨어지더라고요. 제가 연락을 몇 번 안 받기는 했지만 그럴 만한 이유가 항상 있었다고요!

엄마 아빠 두 분 다 늦게 퇴근하시니까 저도 집안일을 꽤 해야 하고요. 제가 공부든 뭐든 하나에 집중하면 아무것도 안 들리는 스타일이기도 해요. 솔직히 가끔은 아무 방해도 받지 않고 혼자 있고 싶을 때도 있잖아요. 또 최근엔 막내 삼촌 결혼 준비랑 방 빼는 문제 때문에 집이 진짜 어수선했단 말이에요. 그리고 폰 액정 수리가 빨리 안 된 것도 제 탓은 아니잖아요. 근데 여친이 그런 사정은 하나도 생각하지 않고 자기 기분 나쁜 것만 다다다 쏟아 내니 제가 얼마나 기분이 상했겠어요!

물론 저도 여친을 좋아해요. 저는 저 나름대로 최대한 컨디션 좋은 상태에서 애를 만나려고 노력해 왔단 말이에요. 그런데 그런 저더러 마음이 떠났다, 자길 무시한다, 이딴 오해를 하니 미치고 팔짝 뛸 노릇이죠!!!

더 이상 듣고 있을 수 없어서 여친한테 버럭 화를 내고 말았어요.

"야!! 박수인! 내가 지금 너 만나려고 학원도 땡땡이치고 이 무거운 짐까지 들고 왔는데, 너 어떻게 나한테 이럴 수 있냐? 네가 날 좋아하면 내 성격을 이해해 주고, 내 상황을 배려해 줘야 맞는 거 아냐?!!!"

우리는 길에서 고래고래 소리를 지르며 싸웠습니다.

여친이 막 하이톤으로 속사포 디스랩을 하는데, 듣다 보니 꼭지가 돌아서 잘못하다간 제가 사고를 칠 것 같은 거예요. 그래서 그대로 휙 돌아서서 집에 와 버렸어요.

집에 오니까 집구석은 또 집구석대로 완전 가관…. 현관에 들어서자마자 엄마 목소리가 들리더라고요. 딴 볼 일 있다던 엄마가 저보다 일찍 집에 와 있는 것도 황당했는데, 귓전을 때리는 엄마의 걸걸한 목소리….

"아니, 내가 그 혹 덩이를 5년이나 데리고 있다가 이번에 드디어 치운 거 아냐! 시동생을 머리에 이고 사느라 한여름에도 민소매 한번 편히 못 입고 시모한테 허구한 날 잔소리 전화 받아 가면서 지극정성 밥해 먹이고 빨래해 줬는데, 언니들, 나 드디어 해방이야! 나 자유 얻었네!! 할렐루야! 자, 잔들 드시고, 다들 짠!"

이어서 아줌마들의 환호성이 들렸어요. 엄마네 편의점 옆집 가게 아줌마들이 다 모여서 고스톱 술판을 벌이고 있더라고요. 엄마가 벌건 얼굴로 "우리 아들!" 하는데, 순간 미쳐 버리는 줄 알았습니다.

저는 들고 있던 상자 두 개를 현관에 내동댕이치고 제 방에 들어가 문을 쾅 닫았어요. 그 뒤로도 한참 동안 엄마는 아줌마들이랑 혀 꼬부라진 소리로 깔깔거리며 고스톱을 쳤어요.

원장님, 이게 우리 엄마의 진짜 모습이라는 게 저는 너무너무너무 싫습니다. 옛날부터 엄마가 아줌마들이랑 같이 술 취해서 품위 없이 깔깔대는 걸 볼 때마다 집을 나가고 싶었는데, 세월이 지나도 변한 게 하나도 없는 거예요. 엄마의 저런 두 얼굴을 교회 사람들이 알겠어요, 친척들이 알겠어요?

엄마의 고스톱 메이트가 다 돌아간 다음에 엄마한테 소리소리 지르며 한바탕했습니다. 이게 뭐 하는 거냐고요. 그런데 엄마가 되레 "내가 그동안 누르고 산 스트레스 좀 풀겠다는데 왜 네가 시어머니처럼 잔소리를 하냐"고 화를 내는 거예요. 하! 기가 막혀서!

아무리 스트레스가 쌓였다고 해도 엄마는 그러면 안 되죠!! 교양과 품위를 지키고 자식한테 본이 되는 행동을 해야죠!!! 엄마는 여자가 아니잖아요. '엄.마.'잖아요!

선생님, 여기까지가 오늘 하루 동안 일어난 일입니다. 제가 종일 화가 나고 짜증이 난 이유를 선생님은 이해하시겠죠? 요새 이런 일이 매일 일어나고 있어 너무 피곤하고 힘이 듭니다. 원장님께서 저에게 지혜를 주세요. 저를 이토록 화나게 만드는 인간들 속에서 제가 대체 어떻게 해야 하는지 알고 싶습니다.

끝까지 읽어 주셔서 감사합니다.

답변 기다리겠습니다.

일단 이건 인정하고 가야겠어요. 준하의 메일을 보면서 선생님도 가슴속에서 화가 끓어오르는 느낌이 들었다는 것. 그만큼 준하의 전달력이 뛰어나다는 뜻이기도 하고, 준하의 분노가 상당한 전염성을 갖고 있다는 뜻이기도 해요.

먼저 준하가 잘하고 있는 부분들부터 짚어 보려고 해요. 우선 준하가 열심히 예배를 드리려고 하는 모습, 목사님을 존중하고 나라도 잘해야지 결심하는 모습 참 멋져요. 엄마가 부탁한 게 쉽지 않은 일인데, 하기로 한 것도 참 좋아 보입니다. 누군가는 가식적이고 재수없다 생각할지 모르지만, 저는 자기가 해야 할 일들에 최선을 다하는 준하를 칭찬해 주고 싶어요. 그다음으로 눈에 띄는 건 준하의 분노 표현 방식이에요. 상당히 우아하게 화를 내고 있다는 인상을 받았거든요. 얘기가 나온 김에 분노와 분노의 표현에 대해 살펴보도록 하죠.

분노와 분노 표현을 분리하세요

'분노'와 '분노 표현'을 나누어서 생각하는 건, 앞으로 계속 알아가게 될 '화 잘 내는 법'을 익히는 데 꼭 필요한 과정이에요. 그런 면에서 준하는 분노를 꽤 잘 표현하는 편이에요.

선생님한테 쓰는 이메일이기에 조금은 순화되고 부드러운 표현을 사용했을 걸 감안하더라도, 여러분이 보기에도 준하가 막무가내 우격다짐은 아닌 것 같죠? 교회에서는 표정 관리를 하면서 잔소리를 삼켰고요. 친구가 내 부탁을 거절했을 때에도 '싫은 소리를 조금만' 했고요. 불을 뿜는 여친에게도 잠깐 화를 내고 돌아섰고요. 보통의 친구였으면 눈을 까뒤집었을 것 같은 엄마의 난리굿 앞에서도 펄쩍 뛰지는 않았거든요. 맞아요, 표현된 분노보다 준하 가슴속에 묻힌 분노가 더 엄청났을 거예요.

우리는 앞에서 분노는 그 자체로 좋다 나쁘다 할 수 없는 느낌이자 감정이라는 내용을 살펴봤지요. 그건 여기에서도 마찬가지예요. 만일 지금 이 상황에서 준하가 자기의 분노(느낌)를 샤샥 바꾸어서 "아, 갑자기 교회 친구들이 다 사랑스러워 보여. 친구, 내 부탁을 거절했어? 그래도 괜찮아! 여친, 지금 투덜거렸어? 어떻게 넌 이런 모습까지 예쁘냐? 그리고 우리 엄마. 저렇게 멋지게 고스톱을 치시다니! 어쩌면 저렇게 패 들러붙는 소리마저 경쾌하냐?" 이렇게 말한다면 그야말로 이상해 보이지 않나요?

분노를 잘 다룬다는 것은 분노라는 감정을 다른 근사한 감정으로 바꾸는 것이 아닙니다. 이건 우리가 할 수 있는 일이 아니거든요. 겉으로 드러나는 '분노의 표현'을 조금이라도 덜 불편/덜 불쾌한 것으로 바꾸어 보자는 뜻이에요. 이거라면 평범 그 자체인 우리들도 얼마든지 할 수 있는 일입니다.

그래서 준하의 분노 표현을 지금보다 한 단계 더 업그레이드

하는 상상을 해 보려고 합니다.

예배 시간에 고개 떨구고 폰에 빠져 있거나, 부족한 수면을 열심히 보충하고 있는 친구들을 보면서 속을 끓이는 대신에 개그 코드를 발동해 보는 건 어떨까요? "혹시 예수님 바닥에 앉아 계셔?" (썰렁한가요.)

내 부탁을 거절한 친구에게는 어떻게 화를 표현할 수 있을까요? "내가 너무 개념이 없었네, 미안. 마음이 급해서 그랬어. 너를 이렇게 화나게 할 일인 줄 몰랐다." 이런 식으로 이야기했다면 어떨까요?

여친에게는 이렇게 표현하면 어땠을까요? "네가 서운한 건 잘 알겠는데, 마음이 떠난 것도 너를 무시하는 것도 아니야. 그런 오해를 받으니까 나도 기분이 좋지 않아. 어떻게든 널 만나려고, 엄마 짐까지 싸들고 여기 온 거 아니겠냐. 나도 다 잘한 건 아닌데 사실 내가 좀 힘들었어. 너를 좋아하는 마음이 부족해서 그런 건 절대 아니야." 이랬다면 오히려 여자 친구에게 더 깊은 사랑을 고백하는 기회가 됐을 수도 있잖아요.

당위의 원칙은 사람마다 달라요

이번 장에서 살펴볼 분노의 세 번째 원인은 '당위의 함정'이에요. 흠, 이번에도 말이 좀 어렵죠? '당위'를 쉽게 설명하면 '당연히 ○○해야지!'라고 생각하는 거랍니다. 아침 일찍 일어나야 한다, 학생이라면 공부를 열심히 해야 한다, 자녀들은 부모님 말씀을 잘 들어야 한다, 친구는 어려울 때 옆을 지켜야 한다 등등 우리들은 수많은 당위 속에서 살아가고 있어요.

이 당위는 사람마다 약간씩 달라요. 큰 전제는 같더라도 세부 내용은 다를 수 있죠. 자녀를 사랑하기 때문에 하고 싶은 대로 하도록 두어야 한다고 생각하는 부모님과, 자녀를 사랑하기 때문에 하고 싶은 대로 하도록 두면 안 된다고 생각하는 부모님이 계신 것처럼요.

그런데 이런 당위와 분노가 무슨 관계가 있을까요? '○○ 해야만 한다'는 당위의 규칙은 사람마다 조금씩 다른데, 사람은 누구나 자신의 규칙이 더 익숙하기 때문에 자기 규칙이 다른 사람의 규칙보다 더 옳다고 생각합니다. '여름에는 매일 아침저녁으로 샤워를 해야 한다'라는 당위 원칙을 가진 사람과, '여름이라도 찝찝하지 않으면 안 씻어도 된다'라는 당위 원칙을 가진 사람이 한집에 살게 됐다고 생각해 보세요. 아마 서로를 비난하면서 분노가 폭발하게 될걸요! 당위의 규칙을 강하게 밀어붙일수록, 그리고 그 규칙이 받아들여지지 않을수록 더 큰 분노가 발생하지요. 앞의 이메일을 다시 살펴보면서 준하가 세운 당위들을 하나씩 살펴보도록 해요.

- 예배 시간에는 절대로 지각해서는 안 된다. 설교 말씀을 들을 때는 무조건 집중해야 하고, 이를 위해 만반의 준비를 해야 한다. 여기에는 휴대폰을 비행기 모드로 해 두는 것, 전날 일찍 잠자리에 들어가는 것이 기본 옵션이다.
- 친구라면 급한 상황에서 부탁을 할 때 당연히 들어줘야 한다.
- 여자 친구라면 내 상황을 이해해야 하고 반드시 나를 배려해야 한다.
- 엄마라면 자식에게 본이 되는 모습을 보여야 한다. 하고 싶은 대로 다 하는 건 결코 안 된다. 엄마는 엄마이지 여자가 아니다.

흠, 준하의 당위들, 언뜻 보기엔 맞는 이야기 같아요. 그렇지만 준하의 원칙 속 '절대로' '당연히' '반드시' 같은 말들 때문에 실현되지 않을 가능성이 높아 보여요. 뜻대로 실현이 안 되면, 작은 절망을 지나 큰 분노로 이어지게 되지요.

"아니, 그러면 예배 시간에 졸고 게임하는 게 괜찮다는 건가요? 친구 부탁을 냉정하게 거절하는 친구가 잘했다고 생각하세요? 여자 친구에게 배려를 기대하는 게 뭐가 문제예요? 그리고 품위 있는 엄마의 모습을 기대하는 게 잘못된 건가요?"

준하와 닮은꼴인 친구들이 버럭 하는 소리가 들리는 듯하네요. 물론 준하의 당위가 틀린 건 아니에요. 어떤 건 당연하다 못해 권장 사항처럼 보이기도 하니까요. 문제는 준하가 자신의 당위들을, 지키기는커녕 그럴 생각도 별로 없어 보이는 상대에게 강요했다는 데 있어요. 강요를 당할 때 대부분의 사람들은 불쾌함을 느끼면서 튕겨 내죠. 준하의 경우에도 결국 강요를 받은 사람도, 강요한 사람도 열만 잔뜩 받은 채 끝나 버렸고요.

원칙이 없는 사람은 없어요

당위의 원칙은 사람마다 다 다르다고 했지요? 다른 사람들 눈에는 준하야말로 자기의 당위를 깨뜨리는 사람으로 보였을지 몰라요. 먼저 교회 친구들. 이 친구들이 가진 원칙은 이런 것일 수 있어요. '예배 참석하면 용돈을 두 배로 받으니까 교회에 왔다. 예배 시간에 앉아 있는 것만으로도 나로서는 엄청난 일을 한 것이다.' 이런 생각을 하는 친구라면, 준하가 자신을 노려봐도 '왜 저래? 뭘 잘못 먹었나? 토할 것 같은 얼굴인데?' 정도로만 생각하지 행동을 반성하거나 돌이킬 가능성은 거의 없을 거예요.

준하 친구의 당위는 '친구라면 결코 난감한 부탁을 해서는 안 된다'였을지 몰라요. 그렇다면 다짜고짜 어려운 부탁을 해 오는 준하가 정말 짜증 났을 거예요. 또는 '나는 선을 넘는 요청을 받을 땐 반드시 거절해야 한다' 같은 당위를 세워 놨을지도 모르죠. 거절하는 것이 자신의 당위를 지키는 방법이었을걸요.

준하의 여친은 또 어떤가요? '좋아할수록 답장 속도가 빠르다. 하루 이상 연락이 안 된 건 딴 생각을 하고 있다는 뜻이다.' 이런 당위를 갖고 있을지 몰라요. 그러니 이틀이나 잠수를 탔으면서 이해해 주기를 요구하며 성질내는 준하가 도저히 이해되지 않았겠죠.

그리고 준하 엄마. 나이를 먹을수록 당위의 규칙들은 늘어나면 늘어나지 줄어들지 않아요. 여러분도 나이를 먹으면서 당위 원칙으로 무장한 사람들이 되기 쉬워요. 준하 엄마의 당위는 불 보듯 훤히 보이지 않나요? '일단 시작하면 끝까지 완주해야 한다. 그게 시동생 케어든, 고스톱 술판이든.' 엄마 입장에서 동네 아줌마 친구들과 즐기는 음주 고스톱은 그간의 노고에 비해 정말 많이 양보한 것일 가능성이 커요. 그런데 아들 녀석이 '엄마란 사람이 그래서는 안 되는 것이다' 하면서 자기 원칙을 들이대니 기가 막혔겠죠. 서로 다른 당위들이 부딪치는 그 순간, 준하는 준하대로, 엄마는 엄마대로 각자의 분노를 폭발했을 거예요.

원칙을 고집하는 것보다 수정하는 게 더 쉬워요

그럼 우리는 앞으로 어떻게 해야 할까요? 화가 날 때 '혹시 이

거 내 마음속 당위 원칙 때문에 그러는 거 아닌가?'라고 생각해 볼 수 있다면 좋겠어요. 딱 10초면 됩니다. 그런다고 뭐가 달라질까 싶은가요? 네, 달라질 게 있습니다.

다른 사람을 변화시킨다는 건 참 어려워요. 내가 바꾸고 싶은 다른 사람 대신 조용히 나를 생각해 보세요. 누군가 나에게 '너는 이러이러한 행동을 해야만 한다'라고 했을 때 마음 깊은 곳이 뭉클하면서 '그래, 정말 그렇게 해야겠어'라는 결심으로 연결된 적이 몇 번이나 있었을까요? 반대로 '흥, 너나 잘하시라고요!'라며 불을 뿜은 건 어느 정도 되나요?

내가 쉽게 안 달라지듯, 다른 사람도 마찬가지예요. 내가 갖고 있는 당위의 규칙들을 다른 사람에게 요구해도 그걸 받아주는 사람은 거의 없을 거예요. 서로 감정만 상하고 관계만 깨어질 뿐이죠. 심지어 내 당위의 문장들이 다 맞는 말들이라 해도 마찬가지예요.

그렇다고 사람에게 어떤 기대도 하지 말자는 이야기는 아니에요. 어느 정도의 기대는 필요해요. 하지만 이 기대가 나를 지치게 하고, 다른 사람의 화를 돋운다면 이 규칙을 다른 사람에게 계속 요구하는 것이 맞나 검토해 볼 필요가 있어요. 당위의 규칙들로 가득 차 있는 사람들일수록 더 쉽게 화를 내고 더 많이 절망할 수 있거든요.

화를 낸다는 건 사실 에너지를 많이 소모하는 일이에요. 당위의 원칙들을 지키고 고수하는 일도 그 못지않게 에너지가 들어가고요. 원칙을 지키고, 그 원칙을 다른 사람에게까지 강요하고 화를 내느라 남은 에너지를 다 써 버려서 정작 필요한 곳, 준하로 치자면 예배 시간에 집중한다거나, 친구와 적당한 타협점을 찾는다거나, 여자 친구 화를 풀어 주고 재미있게 놀 궁리를 한다거나, 엄마와 의기투합해서 함께 스트레스 풀 방법을 찾는 일에 사용할 힘이 하나도 남지 않는다면 제일 크게 손해 보는 건 누구겠어요? 결국 준하죠. 속상하고 억울하게도 말입니다.

다른 사람에게 내 당위를 들이대거나 화를 내면서 그 사람을 바꾸려고 하는 대신, 내가 할 수 있는 다른 일들이 있어요. 그건 내가 가진 규칙들을 조금씩 고치는 일이죠. 음, 여기에서도 당위족 친구들은 '내가 가진 규칙들은 다 옳기 때문에 함부로 바꾸어서는 안 된다'는 당위를 따라 '말도 안 돼! 그런 게 어딨어!'라며 버럭 할지도 모르겠어요. 그렇지만 나에게 도움이 안 되고, 울화통만 터지게 하는 규칙이라면, 바닥이 다 닳아 버린 신발을 버리고 새 신발을 사 신듯이 바꾸는 편이 더 좋겠지요. 자존감이 무너질 때 화가 난다면 자존감을 회복할 방법을 찾아야 하고, 내마음의 작동 방식 때문에 화가 난다면 내 마음부터 읽어야 하듯, 당위의 규칙 때문에 화가 났다면 내가 가진 당위와 규칙을 적절하게 조정해야 할 거예요.

마무리해 볼게요. 당위란 녀석은 나에게 좋은 것일 수도, 나쁜 것일 수도 있습니다. 나에게 도움이 되는 당위는 잘 붙들어야 겠지만, 이 때문에 시도 때도 없이 분노의 화신이 된다면 원점부터 생각해 볼 필요가 있습니다. '~해야만 한다'는 기준을 아주 조금만 손봐 주세요. 예를 들면 '~하면 좋겠다'하는 식으로 말이죠. '절대로 비가 오면 안 돼!' 대신에 '비가 안 오면 좋겠다'로 바꾸는 거죠.

특히 다른 사람에게 내 당위를 주장할 때, 조금이라도 바꾼 형태를 제시한다면 훨씬 받아들여지기 쉬울 겁니다.

'절대로 지각하면 안 돼!'라는 당위를 나는 열심히 지키더라도, 친구에 대해서는 '지각하지 않으면 좋겠다'로 바꾼다면 친구도 나도 마음이 한결 가벼울 것 같지 않나요?

지호 이야기

나는 상처받을 때 화가 나

오늘은 지호가 서울의 피부과 전문병원으로 치료받으러 가는 날이다. 최근에 지호의 등과 왼쪽 종아리에 건선 증세가 재발해서 통원 치료를 다시 시작했다. 3개월 동안 수요일과 토요일 주 2회 레이저 치료를 받으러 다녀야 한다. 지호는 지난달부터 수요일 오후에 동아리 활동을 빼고 조퇴를 했다. 지호의 엄마는 지호를 데리고 병원에 다니기 위해 회사 근무 요일을 조정했다.

지호가 초등학교 1학년이던 해 늦가을에 건선이라는 피부병 증세가 처음 나타났다. 백옥처럼 뽀얗던 지호의 등에 좁쌀 같은 붉은 발진이 손바닥만 하게 돋아나더니 그 위로 새하얀 각질이 겹겹이 쌓이면서 등 전체로 퍼졌다. 웃옷을 벗으면 비듬 같은 각질이 우수수 떨어졌다. 가려워서 밤잠을 못 이루며 피가 나도록 긁었다. 큰 병원에서 치료를 받았지만 증상이 쉽게 잡히지 않았고 몇 번이나 재발을 했다.

"서지호, 조금 있으면 길 막혀. 서둘러!"

"알았어! 준비하고 있잖아!"

지호는 토요일 아침이 너무 싫다. 유일하게 늦잠이 허락된 토요일 아침을 이렇게 병원 가는 일로 낭비하는 게 너무 아깝고 억울하고 신경질이 난다.

지호 엄마는 엄마 대로 힘들다. 재발을 반복하는 딸의 건선 치료를 도맡느라 일찌감치 정규직 직장은 포기했다. 집안일에 무심한 남편은 주말에는 무조건 낚시를 간다. 그는 따박따박 월급을 가져다 주는 것으로 할 일을 다 했다고 생각하는 사람이다. 그래서 지호의 케어는 오롯이 엄마의 몫이 되었다.

일주일에 두 번 경기도에서 서울까지 딸을 통원시키는 건 여간힘든 일이 아니다. 딸의 등이 거북이 등처럼 딱딱하게 굳어져 흉지는 걸 보는 것도, 딸의 이유 있는 감정 기복을 지켜봐야 하는 것도 가슴이 아프다.

지호는 이 병원이 자랑스럽게 홍보하는 최신식 레이저 치료 기기 안에 입장할 준비를 한다. 먼저 옷을 완전히 벗어야 한다. 그리고 머리에는 두터운 복면과 자외선 차단 안경을 덧쓴다. 지호는 이 기기에 들어갈 때마다 거대한 살균 면봉이 된 듯하다. 살짝 뜨거운 인공의 볕을 쬐는 3분 동안, 지호는 머릿속 모든 감정을 몰아내는 의식처럼 동하를 떠올린다. 좁고 캄캄한 기기 안에 발가벗고 서서 광선을 쬐는 이 민망하고 불쾌한 시간을 견디기 위해서는 나름의 탈출구가 필요하다.

동하는 지호가 짝사랑하는 같은 반 남학생이다. 그 아이는 제법 훈훈하게 생겼고 예쁜 미소를 지녔다. 지호는 며칠 전 체육 시간에 동하와 배드민턴 복식조가 되었다. 라켓으로 셔틀콕을 치고 빠지는 중에 동하와 팔꿈치가 살짝 스쳤던 순간을 떠올리자 지호는 마음이 몽글몽글 간지러웠다. 물론 지호는 이 감정을 절대로 그 아이에게 들키지 않을 작정이다. 짝사랑은 전적으로 지호의 자유 영역이다. 지호는 상처 없는 사랑을 추구한다.

'나는 걔를 내 현실의 탈출구로 이용하는 것뿐이야. 걔는 내가 자기를 좋아한다는 사실을 끝까지 몰라야 해.'

한 달 전, 중간고사 기간에 건선이 재발했다. 1년 만이었다. 환절기여서일까? 성적 스트레스 탓에 면역력이 떨어져서일까? 가려움증은 그나마 참을 수 있었다. 그러나 악몽 같은 각질의 계절이 다시 시작되었을 때 지호는 죽고 싶다는 생각까지 했다. 여드름 하나에도 지옥과 천당을 오가는 여고생에게 비듬처럼 하얀 각질이 우수수 떨어지는 몸은 끔찍한 저주요 형벌이었다.

'이 망할 놈의 건선이 완치되지 않는 한 나는 절대 사랑도 결혼도 못 할 거야. 이런 나를 누가 좋아해 주겠어!'

지호는 몸과 마음의 증상을 누구에게도 들키지 않으려고 자신을 꽁꽁 싸매고 숨겼다. 남자에게는 도통 관심이 없는 사람처럼 도도하게 굴었다. 그게 지호가 자존심을 지키는 방법이었다.

하지만 이 짓눌린 감정과 분노가 더할 수 없이 팽팽하게 차오르면 꼭 어디론가 터져 나가곤 했는데, 주로 그 화를 뒤집어쓰는 사람은 지호의 엄마였다. 하지만 지호는 엄마에게 조금도 미안한 마음이 들지 않았다. 지호에게 건선의 유전자를 물려준 사람이 바로 엄마였으니까. 엄마를 원망하고 엄마에게 신경질 부리는 것을 지호는 매우, 몹시 정당하다고 느꼈다.

엄마는 어젯밤 늦게까지 병원 주변 맛집을 검색했다. 병원 진료를 마치고 딸에게 맛있는 점심을 사 먹여 극도로 예민해진 기분을 달래 주어야 하기 때문이다. 하지만 식당을 고르기란 쉽지 않다. 지호는 건선뿐 아니라 음식 알레르기까지 있어서 밥을 챙기는 일이 여간 어려운 게 아니다. 지호는 땅콩과 갑각류 알레르기 때문에 여러 번 응급실 신세를 졌다. 초등학교 때는 엄마가 영양사 선생님과 친분을 터서 미리 급식 식단표를 받고, 먹어도 되는 음식과 먹으면 안 되는 음식을 밑줄 쳐서 냉장고에 붙여 두었다. 대체 반찬이 안 나오는 날에는 도시락을 싸서 보내기도 했다. 급식실에 도시락을 들고 들어오는 지호를 유난스럽게 여긴 동급생들이 지호를 괴롭히는 일도 있었다. 엄마는 그날 밤 집이 떠나가라 울던 지호의 모습을 잊을 수 없다. 초등학교 3학년 10월 첫 주 이후로 지호는 도시락을 거부하고 저 혼자 식단을 확인하고 급식을 먹기 시작했다.

지호는 연어 스테이크 집에 들어가서 나올 때까지 엄마에게 신경질을 부렸다.

"예약 안 되는 집을 왜 와? 나 길에서 줄 서기 싫어하는 거 알잖아!"

"연어 스테이크는 엄마나 좋아하지, 나는 생선 싫다고! 맛있는 건 왜 다 몸에 안 좋은 거야? 아, 짜증 나!"

"식전 빵도 먹지 말라고? 이것도 저것도 먹지 말라고 할 거면 여긴 왜 데려온 건데?"

"와, 연어 스테이크 더럽게 맛없네. 이걸 먹자고 30분을 줄을 선 거야? 나 평점 테러할 거야."

지호의 엄마는 미간을 세 줄로 접은 채 화를 꾹꾹 참았다. 지호가 이렇게 심통을 부리는 이유가 다른 데 있음을 알기 때문이다.

아까 차를 몰고 식당을 찾아가는 길에 여학생들이 어떤 건물 앞에 길게 줄지어 서 있는 것을 보았다. 조수석 차창 너머로 건물을 올려다본 지호는 표정이 굳었다. 그곳은 SM엔터테인먼트 사옥이었다.

"지호야, 미안해. 일부러 이쪽 길로 온 거 아니야. 여기 SM이 있을 줄은 상상도 못 했어."

엄마가 황급히 사과했지만, 지호는 식당 주차장에 내릴 때까지 입을 꾹 다물었다.

건선이 발병하기 전까지 지호는 끼와 재능이 넘치는 아이였다. 유치원 다닐 때부터 걸그룹 안무를 똑같이 복사하고, 외국어로 된 노래도 수없이 듣고 똑같이 따라 불렀다. 지호는 어릴 때부터 가수가 꿈이었다.

초등학교 입학 후 꾸준히 다녔던 음악학원의 보컬 강사는 지호의 가능성을 보고 내후년쯤에 대형 기획사 오디션을 보라고 권했다. 그런데 그해 말에 피부에 건선 증상이 나타난 지호의 몸 상태를 본 뒤 강사는 고개를 저었다.

"어머님, 저도 연습생 생활을 해 봐서 알기 때문에 못 권해 드리겠어요. 건선은 난치성 피부병인데 저런 상태로는 공동생활이 불가능해요. 잠깐 낫는다 해도 또 언제 재발할지 모르잖아요. 게다가 걸그룹은 비주얼이 생명인데 소속사가 입히는 의상을 저 몸으로는 소화할 수가 없어요. 어머님, 지호가 재능도 있고 의욕도 많은 아이인 건 맞아요. 하지만 소속사가 이 모든 걸 감수하고 영입할 정도는 아닙니다. 가슴이 아프시겠지만 냉정하게 말씀드립니다. 그냥 취미로만 하는 걸 권해 드려요."

어린 나이에 꿈을 좌절당한 지호는 예리한 칼처럼 날카로운 분노를 식구들에게 휘둘렀다. 지호의 크나큰 좌절감은 그만큼 강력한 분노와 짜증, 신경질로 표출되었다. 한번은 그 도가 지나쳐서 아버지가 버릇을 고쳐 놓겠다며 회초리를 찾았는데 지호 엄마가 겨우 뜯어말렸다. 딸에게 건선이라는 질병을 물려준 원죄 때문에 엄마는 지호 앞에서 늘 죄인이었다. 그 후로 지호네 집에서 '아이돌' '걸그룹'은 금기어가 되었다.

차가 북부간선도로로 접어들었을 때 지호가 침묵을 깨고 한마디를 툭 던졌다.

"난 친구가 없어."

뜬금없는 말에 엄마는 힐끗 지호를 쳐다보았다.

"지난번에 집에 놀러온 제인이랑 연우 있잖아."

"같이 다니는 애들이라고 했지, 친구라고는 안 했어."

"그게 무슨 말이야?"

지호는 입가에 냉소를 띠고 코로 숨을 피식 내뱉었다.

"나는 세상에 우정 같은 거 없다고 생각하거든."

엄마는 가슴이 철렁 내려앉아서 지호에게 물었다.

"우정이 왜 없어? 엄마는 고등학교 친구를 지금도 만나는데?"

지호는 단풍이 진하게 물든 산을 쳐다보면서 대답했다.

"민유랑 시현이 생각나? 내가 걔네랑 무슨 일 있었는지 엄만 모르지?"

"6학년 졸업할 때까지 2년이나 같이 다녔잖아."

"걔네를 내 마음에서 끊어 낸 게 5학년 겨울방학식 때였어."

초등학교 5학년 겨울방학식 날을 지호는 잊을 수 없다. 1년 내내 사이좋게 지냈던 친구들과 방학 때도 자주 만나자며 하이파이브를 하려 하자, 민유가 갑자기 손을 뒤로 뺐다. 그리고 정확히 이렇게 말했다.

"옮으면 어떡해?"

"어?"

"너 그 피부병 전염되는 거 아니야?"

지호는 귀를 의심했다. 옆에 있던 시현이가 거들었다.

"너 가을부터 팔이랑 다리 이상해졌잖아. 하얀 비늘 같은 게 옷 속에서 막 떨어지고. 지저분하게. 너는 아무 생각 없이 손 잡고 하는데, 솔직히 난 좀 무서웠어."

지호는 멍해져서 아무 생각도 떠오르지 않았다. 까다로운 알레르기 식성을 문제 삼지 않고 함께 밥 먹고 놀아 준 친구들에게 지호는 정을 듬뿍 주었었다. 가을부터 심하게 재발한 건선을 보고도 아무것도 묻지 않아서 내심 고마워하고 있었는데, 알고 보니 두 달 동안 뒤에서 쑥덕거리며 지호를 꺼림칙하게 여겨 온 것이다. 배신 감과 민망함에 팔다리가 후들거렸다.

"얘들아, 이거 옮는 거 아니야."

"어떻게 알아? 나는 이런 거 처음 봐."

"지호야, 방학 동안 깨끗이 좀 씻고 병원 가서 치료받아. 다 나으면 그때 보자."

그렇게 두 친구는 서둘러 자리를 떴고, 그해 겨울방학 동안 지호는 시현이와 민유를 한 번도 만나지 못했다.

처음 듣는 얘기에 지호의 엄마는 가슴이 무너졌다.

"너 그런데도 6학년 때까지 걔네랑 같이 다녔던 거야?"

"다른 친구를 사귀고 또 거절당하고 상처받는 거 하기 싫었나 봐. 그냥 걔네한테 다 맞춰 줬어. 초등학교 졸업할 때까지 하하호호 웃으면서. 지금 생각해도 참 비굴했지. 아니 이기적인 건가? 아무튼, 중학교 올라오자마자 연락 차단했어."

엄마의 눈에 눈물이 차올랐다.

"엄마한테 그런 얘길 왜 한 번도 안 했어?"

"얘기하면 엄마가 뭘 해 줄 능력은 있고?"

지호의 차디찬 대답에 엄마는 심장이 얼어붙는 것처럼 시렸다.

지호는 엄마에게 더 상처를 주고 싶었다. 그래서 작심하고 생각해 둔 말을 던졌다.

"엄마, 엄마는 왜 날 낳았어?"

"뭐?"

엄마의 목소리가 떨렸다.

"유전자가 별로면 자식 낳을 생각을 하지 말았어야지."

그 말은 날카로운 비수처럼 지호 엄마의 가슴을 후벼 팠다.

"지호야, 엄마한테 어떻게 그런 말을…"

"엄마가 나한테 물려준 거지 같은 유전자 때문에 내가 또 뭘 포기한 줄 알아?"

지호는 마음이 풀릴 때까지 엄마에게 생채기를 내고 싶어졌다.

"꿈을 포기했어. 가수가 되는 꿈."

"지호야, 너 가수 될 수 있어. 걸그룹이 아니어도 가수는 할 수 있잖―"

"아니." 지호는 엄마의 말을 가로챘다.

"그건 내가 하고 싶은 게 아니야."

엄마는 핸들을 쥔 손에 힘을 꽉 주었다.

"엄마, 나는 내 미래를 포기했어. 꿈도, 사랑도, 결혼도, 우정도."

엄마가 핸들을 돌려 차를 갓길에 세웠다.

"고작 건선 때문에 미래를 포기한다고? 건선은 관리하면 충분히 나을 수 있어! 그런 말 하지 마!"

"고작 건선…? 엄마는 등판이 건선으로 뒤덮인 적 있어? 그런 적도 없으면서 내 고통을 다 아는 것처럼 말하네?"

엄마는 아무 말도 못 하고 멍하니 지호의 얼굴을 쳐다보았다.

"이렇게 될 거였으면 재능 같은 건 왜 있는 건지 모르겠어. 이룰 수도 없는 헛꿈만 꾸게 하고."

이윽고 지호는 엄마의 가슴에 대못을 박을 마지막 한마디를 날렸다.

"차라리 낳지 말지. 내가 원한 적도 없는데 왜 낳아서 나를 이렇게 힘들게 해? 내가 미래를 포기한 건 다 엄마 때문이야."

엄마의 표정이 속절없이 붕괴되는 것을 보며 지호는 통쾌함과 짜릿함을 느꼈다. 지호는 자기가 억지를 부리고 있다는 걸 알았다. 하지만 누구라도 잔인하게 찌를 대상이 필요했다. 마음껏 탓을 하고 날것의 감정을 배설해도 자기를 절대 버리지 않을 존재임을 알았기에 엄마를 희생자로 삼았는지도 모른다.

그런데 갑자기 엄마가 소리를 내어 울기 시작했다. 지호는 몹시 당황했다. 동시에 후회와 죄책감이 밀려왔다.

저는 어렸을 때 어른들은 상처를 받지 않는 줄 알았답니다. 엄마가 상처를 받아? 할아버지가 상처를 받는다고? 말도 안 된다고 생각했죠. 그리고 감정 조절 같은 것들도, 사춘기를 지나면 저절로 잘하게 될 거라고 생각했고요. 그런데 막상 어른이 되고 나서 보니까, 그게 아니어도 한참 아니더라고요. 지호 엄마가 상처받고 울음을 터뜨리는 모습에 마음이 아팠어요. 그리고 이제 지호랑 엄마는 어떻게 이 상황을 풀어 가야 하나 머릿속이 복잡해집니다.

상처는 화를 낳아요

지금부터 네 번째로 살펴볼 화의 원인은 '상처'(아픔)입니다. 간단한 예를 들어 볼게요. 어떤 사람이 미어터지는 지옥철을 타고 학교에 가고 있어요. 지하철이 복잡하다고 해서 화를 버럭 내는 사람은 없을 거예요. 그런데 달리던 전철이 갑자기 급정거를 했어요. 모두 함께 휘청, 하는 순간에 어떤 사람이 발등을 콱 밟았어요. 아프고 화가 납니다. 이때 화가 버럭 나는 건 당연한 반응이죠.

또 다른 예를 들어 볼게요. 누군가 싸움을 걸면 화가 나죠? 그런데 상대방이 나에게 폭력을 휘둘러서 아프다면 더 화가 날 거예요. 이걸 신고해, 말아? 생각하는 동안에 가슴속에서 불이 타는 느낌이 들 거고요. 이처럼 우리는 아플 때, 그러니까 상처를 받았을 때 화가 납니다.

분노는 몸이 보내는 신호예요

상처라고 해서 꼭 눈에 보이는 어딘가가 찢어지거나 다친 것만 뜻하지는 않아요. 우리 몸을 살펴볼까요? 우리 몸은 균형이 매우 중요합니다. 우리는 영하 20도부터 영상 40도까지, 기온차가 60도를 넘나드는 나라에 살고 있는데요. 그럼에도 우리 몸은 36.5도의 체온을 유지하잖아요. 코로나 바이러스로 체온 확인을 열심히 하던 시절, 1도만 올라도 발열이다! 코로나 걸렸나? 반응하던 것 기억나나요? 실제로 예민한 친구들은 0.5도만 올라도 몸이 으슬으슬하다든지, 머리가 아프다든지 하는 식으로 변화를 감지하거든요. 그렇게 우리 몸은 균형이 조금만 깨져도 경고 신호를 보냅니다. 음식이나 물, 수면같이 생존을 위해 꼭 필요한 요소들이 채워지지 않으면, 몸은 비상벨을 울리지요. 꼬르륵 소리를 내거나, 입안이 바싹 마르거나, 눈이 게슴츠레해지고 하품이 나는 식의 반응이 나타납니다.

화가 끓어오르는 것 역시 몸이 보내는 신호일 수 있어요. 너무 피곤하고 지쳤을 때, 여성이라면 생리 주기의 어떤 시점에서 느끼는 화도 그 일종입니다. 배가 많이 고플 때도 화가 난답니다. '금강산도 식후경'이라는 말이 괜히 나온 게 아니라고요. 어린 아기가 화를 내면서 우는 걸 본 적 있나요? 그럴 때 엄마들은 "응, 우리 애기가 배고프구나!" 하면서 아기에게 먹을 것을 주죠. 이럴 때 아기가 표현하는 분노는 내 몸에 영양분이 부족하니 채워 달라고 목소리를 내는 방법이에요. 이렇게 본다면 분노가 나름 필요한 역할을 하고 있는 셈입니다.

분노는 마음이 보내는 신호예요

마음의 상처는 눈에 안 보이기 때문에 더 위험할 수 있어요. 저처럼 마음에 깊은 상처를 입고 오랜 기간 아파하는 사람들을 돕다 보면, 몸의 상처보다 더한 게 마음의 상처라는 생각을 하게 됩니다. 차라리 몸이 아픈 게 낫겠다고 하는 이야기도 실제로 많이 듣지요.

앞에서 만난 지호의 일상을 돌아볼게요. 지호는 얼마나 가렵고 아팠을까요. 아픈 몸보다 더 괴로운 건 주변 사람들의 반응일 거예요. 아플 때는 사랑과 위로를 받아야 하는데 지호는 병 때문에 무시당하고, 살 닿기도 싫은 사람 취급을 당했으니 마음이 무너져 내렸을 거예요. 이런 상황이라면 분노, 신경질은 말할 것도 없고, 세상 사람들이 다 내 피부를 보고 비웃는 것 같아 피해의식으로 물들었을 거예요. 아무리 무던한 성격의 소유자였다고 하더라도 고통의 시간이 길어지는 사이 뾰족하고 날카로운 성격의 사람으로 바뀌고 말았을 겁니다.

깨어진 꿈은 마음에 상처를 남겨요

마음의 상처에는 깨진 꿈이 하나씩 들어 있다고 생각해요. 사람은 크든 작든 자신만의 꿈, 이상(理想)을 가지고 있는데 그게 좌절되거나 부서질 때 상처를 입습니다. 꿈이 깨어진 자리는 아프기 그지없죠. 작은 꿈이 깨져도 상처를 입을 텐데, 지호의 경우에는 미래와 진로라고 하는 엄청 큰 꿈이 깨졌으니 더욱 큰 상처를 입었을 거예요. 반짝이는 재능으로 꿈이 커지다가 건선이라는 병 때문에 꿈을 박탈당한 지호는 참 많이 억울하고 속상했을 거예요. 깨어진 꿈이 분노로 돌변하는 것에는 지호의 성격도 한몫했을 거예요. 워낙 자존심이 강하고 당찬 성격이라, 삶이 지호를 후려쳤어도 쫄지 않고 강하게 맞받아치며 살아온 것 같은데요. 그 때문에 상처는 분노 폭발로 이어지고 말았습니다.

상처 때문에 아파서 움찔하는 순간, 마음속 깊은 곳에서는

"살아야 한다!"는 목소리가 터져 나옵니다. "다쳤어? 공격 받았어? 받아쳐!"처럼 즉각적인 반응이 실행되면서, 몸과 마음이 공격 태세로 들어갑니다. 엄마의 어떤 부분이 약한지 지호보다 더 잘 아는 사람도 없을 터라, 잘 아는 만큼 매섭게 급소를 찔러 댔을 거예요. 지호 입장에서는 엄마에게 화풀이를 할 수만 가지 이유들이 있거든요. 엄마가 물려준 건선 유전자, 식당을 예약하지 않은 엄마, 엄마 때문에 지나가야 했던 엔터테인먼트 회사까지. 내가 건선으로 얼마나 속상한지 알아? 이따위 음식을 먹어야 하다니 얼마나 기분 나쁜지 알아? 내 꿈을 접을 수밖에 없었던 게 얼마나 아픈지 알아? 하는 식으로 말이에요. 그래서 지호의 마음은 그 아픔을 견디는 대신 '아프니까 공격해!!'라는 반응을 보인 것 같아요.

하나 더 알아두면 좋겠어요. 상처-아픔-분노의 고리는 유난히 기억되기 쉽다는 사실. 좋은 일보다 나쁜 일들을 더 잘 기억하는 우리 뇌의 특성 때문에 상처 입었다, 그랬더니 아팠다, 그러니까 화가 났다 하는 흐름은 아주 쉽게 저장이 됩니다. 이 유형의 기억이 계속 저장된다면 나중에는 작은 상처에도 곧바로 화를 폭발하는 단계로 넘어갈 가능성이 높아지죠.

결국 진짜 화가 나서 화를 낸다기보다, 이전에 상처받고 아파서 화내던 습관 때문에 화가 날 수도 있다는 뜻이에요. 그런데 한 번 더 생각해 보세요. 상처받은 마음 때문에 화를 낸다고 마음의 상처가 아물까요? 아니죠, 오히려 잘 낫지 않거나 덧날 가능성이 높아요. 화를 내는 그 순간에는 시원한 마음이 들지 몰라도 그런 사이클이 반복될수록 우리 마음은 점차 지옥이 됩니다. 내 상처가 너무 깊어 화가 폭발할 것 같다면, 바로 표출하거나 행동하지 말고 잠시 멈춰서 내 상처를 친절한 눈으로 바라봤으면 좋겠습니다. 그렇게 하면 분노를 다루는 방식이 이전과는 달라질 수 있어요. 그렇게 하기 위해서 지금 여러분이 이 책을 읽고 있는 것이고요.

나도 모르게 마음에 담고 있는 상처-아픔-분노의 고리를 한번 찾아보세요. 이 고리가 여러분에게 도움이 된다면 계속 가져가는 게 맞지만, 아니라면 이걸 갖고 다니면서 쿡쿡 찔릴 필요가 있을까요? 시시때때로 태클 걸게 두어도 될까요? 잘 생각해 봤으면 좋겠어요.

2부.
'화'를
다스리는
법

수안·보나 이야기

화는
터트려야 제맛

#1. 지하철 객차 안 (오후)

수안과 보나, 지하철 객차 노약자석 근처 출입문 앞에 서 있다.

휴대폰을 함께 보면서 즐겁게 이야기하고 있다.

다음 역에서 문이 열리고 줄 서 있던 승객들이 들어온다.

할아버지 1, 노약자석 쪽으로 헤집고 들어와 하나 남은 빈자리에 앉으려는데, 할아버지 2가 할아버지 1의 어깨를 밀치고 자리에 앉는다.

뻔뻔한 표정으로 앉아 있는 할아버지 2.

수안과 보나, 이 상황을 흘끔거리며 지켜본다.

할아버지 1   (엉거주춤한 자세로 서서) 뭐야, 지금? 내가 지금 앉는 거 못 봤어?

할아버지 2   (외면하며 혼잣말) 먼저 앉은 놈이 임자지, 예약석도 아니고.

할아버지 1   당신이 방금 내 어깨 밀치고 자리 뺏었잖아!

할아버지 2   (짐짓 놀란 척) 내가요? 사람이 많아서 살짝 부딪혔나 보죠.

수안과, 보나, 할아버지들의 대화에 귀를 기울인다.

할아버지 1 (어깨가 밀쳐져 튕겨 나가는 모습을 재연하며) 살짝? 이게 살짝? 그럼 너도 한번 살짝 부딪혀 볼래?

할아버지 2 이 양반이 얻다 대고 너래요? 계속 반말하는데, 그러는 너는 몇 살인데요?

할아버지 1 일흔여덟이다! 너는 몇 살이냐?

할아버지 2 팔십도 안 된 ㅅㄲ가 누굴 보고 너래? 너 나 알아?

할아버지 1 딱 봐도 어린놈이! 야, 너 몇 년생이야? 나보다 밑이지?

할아버지 2 너보다 위다, 이 ㅅㄲ야! 계속 반말할래?

할아버지 1 ㅅㄲ? 이 ㅅㄲ가 언제 봤다고 ㅅㄲ래? (삿대질하며) 야, 너 몇 살이야! 민증 까! 민증 까고 얘기하자고!

할아버지 2 내가 민증을 왜 까? 니가 짭새야? (비아냥거리며) 꼭 별 볼 일 없는 인간들이 나이 따지고 유세 떨어요.

할아버지 1 너 이 ㅅㄲ, 너 말 다 했어? (할아버지 2의 멱살을 잡고 일으켜 세운다.)

할아버지 2 (뿌리치며) 이거 안 놔?

할아버지 1 (뿌리친 손에 얼굴을 얻어맞고) 어쭈? 이게 또 사람을 치네? (거세게 멱살을 잡고 할아버지 2를 일으킨다.) 너 일어나!

주변 사람들이 놀라서 만류한다.

마침 다음 역에서 정차한다는 방송이 나온다.

할아버지 1 (할아버지 2를 출입문으로 잡아끌고 나가며) 내려! 오늘 너 죽
고 나 죽자!

할아버지 2 (끌려 나가며) 어, 그래! 안 그래도 몸이 근질근질하던
차에 잘됐네! 누구 제삿날이 될지 한번 끝까지 가 보
자고!

두 사람이 나간 뒤 객차가 다시 조용해진다.

승객들, 두 노인이 궁금해서 일제히 고개를 빼고 본다.

수안 (고개를 절레절레) 와, 진상 오브 진상….

보나 어른들 나이 갖고 싸우는 거 개유치하지 않냐? 무슨
초딩이냐고!

수안 사람들 많은 데서 저러는 거 안 쪽팔리나? 어떻게 저
래?

보나 자식들이 보면 얼마나 창피할까?

수안 난 내가 저렇게 늙을까 봐 겁나.

보나 나는 버럭버럭 하는 사람 완전 너어무 싫어! 화를 내더
라도 좀 교양 있고 우아하게 낼 수 있잖아!

수안 (웃으며) 야, 화를 어떻게 교양 있고 우아하게 내냐? 똥을 예쁘고 향기롭게 싼다는 말이랑 똑같은 거야.

보나 (키득대며) 그러네.

수안 (한숨) 맨날 시도 때도 없이 버럭 하는 사람들 속에서 살아 봐라. 지긋지긋하다, 아주.

보나 너네 아빠랑 오빠?

수안 어제 또 한바탕했잖아.

보나 어젠 또 무슨 일?

수안 뻔하지 뭐. 둘이 하는 짓이 똑같아!

#2. 수안의 집 거실, 지난밤 (회상)

빗소리가 거칠게 들리는 밤.

거실에서 수안의 아빠가 선풍기를 켜 놓고 캔 맥주를 마시며 TV를 보고 있다.

수안의 오빠, 방에서 나와 주방에서 컵에 물을 따른 후, 거실로 몇 발자국 걸어와 물을 마시면서 TV를 보고 서 있다.

수안 아빠 김수혁, 뭐 하냐? 니가 지금 이럴 때야?

수혁 제가 뭘요?

수안 아빠 한가롭게 TV나 보고 있을 때냐고!

수혁	물 마시러 나왔는데요.
수안 아빠	물 마시러 나왔으면 물만 마시고 들어가지 왜 그러고 있어?
수혁	물 아직 남았거든요?
수안 아빠	들어가 마셔! 고3이 어디 틈만 나면 놀려고 해! 빠져 가지고!
수혁	그럼 TV 소리나 안 들리게 좀 도와주든가! 사람 귀청 떨어지게 틀어놓고 할 말은 아닌 것 같은데요?
수안 아빠	니 공부야! 니가 집중 못하는 걸 왜 남 탓을 해? 고3 이 TV 소리가 귀에 들려?
수혁	아버지 아들이 그렇죠 뭐. 빈둥거리는 거 좋아하는 핏 줄이 어디 가요?
수안 아빠	…뭐?
수혁	한 달에 열흘은 집에서 노시는 반백수 아빠 닮았나 보죠.
수안 아빠	야!!! 너 이노무시키, 일루 와 봐!
수안 엄마	그만 좀 해, 동네 시끄럽게! (수혁에게 작게) 아빠 건드리 지 마. 가뜩이나 장마라 일자리 없어 속 시끄러운 거 알면서. (큰 소리로) 수혁이 니가 잘못했어. 얼른 죄송합 니다 하고 들어가 공부해.
수안 아빠	들어가긴 어딜 들어가! 고3이 벼슬이야? 대학만 들어

가면 장땡이야? 먼저 인간이 돼야지!

수안 엄마 아 좀!! 소리 좀 낮춰! 동네 창피해 죽겠네!

수안 아빠 고3이라고 봐줬더니 아주 기고만장해서 지 애비 머리 꼭대기에서 놀잖아! 짐승 새끼도 이렇겐 안 해! 야!! 너 그따위로 할 거면 대학 가지 마! 내가 안 보내!

수혁 (이죽거리며) 언제는 지잡대도 못 들어가면 인간도 아니라면서요?

수안 아빠 뭐? 이 ㅅㄲ? 어디서 배운 버르장머리야? 너 누가 이렇게 하라고 시키디, 어?

수혁 (피식 웃으며) 엄마는 확실히 아니죠.

수안 아빠 이놈 말하는 싸가지 보게? (자리에서 벌떡 일어난다.)

수안 엄마 (참다 못해 버럭) 그만하라고!

수안 아빠 (수혁에게) 지금까지 누구 덕에 먹고 입고 학교 다니고 학원 다녔는데 아빠한테 말을 그따구로 해? 어?

수혁 뭐, 큰절이라도 해 드려요? 남들 다 하는 거 가지고 웬 생색? 아니 제대로 지원이나 해 줬으면 말을 안 하지!

수안 아빠 (달려와 수혁의 등짝을 때리며) 나쁜 노무시키! 너 학교 때려치워! 너 같은 놈은 공부할 자격 없어!

수안 엄마 (달려가 남편을 떼어내며) 애를 왜 때려? 말로 해!

수혁 내가 공부를 하는지 노는지 평소엔 신경도 안 쓰다가 왜 자기 기분 나쁘면 애꿎은 사람 걸고 넘어지냐고!
나는 뭐 여태 할 말 없어서 안 한 줄 알아요? 아빠는
아빠 할 일이나 제대로 하시라고요! 나 또 때리면 가
정폭력으로 신고할 거야!

수안 아빠 뭐? 이 ㅅㄲ! 그래, 어디 오늘 너 죽고 나 죽자!

수안 아빠, 수혁에게 달려가고, 수안 엄마가 또 뜯어말린다.
수안, 욕실에서 나와 수건으로 얼굴의 물기를 닦으며 이 상황을
말없이 바라본다.

#3. 지하철 객차 안, 오후 (현재)

수안 '너 죽고 나 죽자'는 싸움꾼 공용어야? 아빠랑 오빠
랑 둘이 동시에 화산 터지잖아? 그럼 집이 쑥대밭 되
는 거야. 하아, 나는 화내는 사람들이 세상에서 제일
싫어! 너네 집은 우리 식구들처럼 안 그러지?

보나 (말없이 쓸쓸하게 웃는다.)

여성(소리) (지하철 방송) 이번 역은 평촌, 평촌역입니다. 내리실 문
은 왼쪽입니다.

수안과 보나, 눈을 마주치며 하차를 준비한다.

부지런히 걸어가는 두 사람.

수안   (휴대폰으로 시간 확인하며) 앞머리 자르고 학원 가면 시간 딱 맞겠다. 너네 엄마 미용실에 사람 많으면 어떡하지?

보나   이거 왜 이래? 우리 무려 예약 손님이야. 오자마자 바로 잘라 주신댔음. 샌드위치도 사 놨대. 먹고 가라고.

수안   우아 짱! 너희 엄만 자상하시고 말씀도 조곤조곤 상냥하게 하셔서 너무 좋아. 우리 집 식구들은 다들 고슴도치인데, 너무 부럽다아~.

보나   (한숨 내쉬며 독백처럼) 우리 집에서 사흘만 살아 봐.

길가의 작은 헤어숍으로 들어가며,

보나, 수안   안녕하세요?

#5. 보나 엄마의 헤어숍 (오후)

보나 엄마, 대화를 나누며 수안의 앞머리를 손질하고 있다.
보나는 소파에 앉아 휴대폰을 본다.

그때 중년의 남자가 숍에 들어온다.

보나 엄마   (상냥한 목소리로) 어서 오세요! 뭐 하시게?

중년 남자   (조심스럽게) 어제 여기서 머리를 깎았는데….

보나 엄마   아, 그러세요? 근데 무슨 일로?

중년 남자   집에 가서 머릴 감는데 목덜미가 쓰려서 보니까 칼로
           베여 있더라고요.

보나 엄마   (당황하며) 아니, 무슨 말씀이세요? 제가 그랬다는 거
           예요?

수안, 거울을 통해 보나의 엄마를 힐끗 쳐다본다. "아이고, 그러셨
구나. 죄송합니다" 하고 친절하게 응대할 줄 알았는데 갑자기 툭
튀어나온 방어적 반응이 의외여서다.
보나 역시 얼어붙은 듯 엄마를 본다.
보나가 알고 있는 엄마의 모습이 나올까 봐 긴장한다.

중년 남자   (오히려 당황) 아니…, 여기서 머리를 깎고 상처가 났으
           니 당연히….

보나 엄마   (급발진) 아, 글쎄 그럴 리가 없다니까요!! 내가 여기서
           미용실을 20년을 했지만 손님 두피에 손톱자국 한 번
           을 내 본 적 없는 사람이야 내가! 어?!

수안, 깜짝 놀라 고개를 돌려 보나의 엄마를 쳐다본다.

중년 남자   아니, 원장님, 내가 상처가 났다잖아요! 손님이 상처가
                          났다고 하면 괜찮냐고 묻는 게 먼저 아닙니까?

수안, 중년 남자의 말에 동의하며 보일 듯 말 듯 고개를 끄덕인다.

보나 엄마   그럴 리 없다고요! 나는 평생 그런 실수를 해 본 적이
                          없는 사람이에요!

보나, 얼이 나간 표정으로 엄마를 쳐다본다.

보나 엄마   (거칠고 높은 어조로) 딴 데서 다쳐 놓고 왜 나한테 이래
                          요?

수안, 화를 내는 보나 엄마를 눈이 휘둥그레져서 쳐다본다.
보나, 수안 보기가 민망해 죽겠다.

중년 남자   뭐요? 무슨 말을 그렇게 합니까? 나는 그냥 다친 걸
                          얘기하려고—.
보나 엄마   다쳤다고 억지 부려서 배상받으러 온 거잖아요! 내 말

이 틀려?

보나, 자포자기 심정이 되어 손바닥으로 눈을 가린다.
엄마와 수안을 차마 볼 수 없다.

중년 남자　아니, 이 아줌마가 나를 뭘로 보고! 멀쩡한 사람을 진
　　　　　　상으로 몰아?

보나 엄마　(더 폭주하며) 글쎄 난 잘못한 게 없다고요! 행패 부리
　　　　　　지 말고 가세요!

중년 남자　행패? 행패라고?

보나 엄마　(휴대폰을 들고) 경찰 부를 거야! 당장 나가! 나는 잘못
　　　　　　도 없고! 배상할 이유도 없어! 당장 나가요!

보나, 울 것 같은 얼굴로 미간을 찌푸린 채 가방을 다급히 챙겨서,
거울 앞에 앉아 있는 수안의 가운을 후드득 뜯어 벗긴 뒤 손목을
잡아끌고 밖으로 나간다.
미용실 안에서는 계속 손님과 보나 엄마의 고성이 들린다.

#6. 시내 학원가 거리 (어둑한 저녁)
앞머리가 반만 다듬어진 수안, 시무룩한 얼굴의 보나.

어둑해진 학원가를 터덜터덜 말없이 걷는다.

하늘 한 번 보고 한숨, 서로의 얼굴 한 번 보고 한숨.

서로의 사정을 충분히 이해한다는 표정이다.

보나와 수안의 이야기, 정말 살벌하네요. 여기에서 분노의 특성을 하나 더 배우고 넘어가면 좋겠어요. 바로 '분노의 전염성'입니다.

분노는 바이러스나 병균처럼 매개체에 의해 옮는 건 아니에요. 그렇지만 분명 전염이 된답니다. 이건 분노에만 국한된 게 아니에요. 다양한 감정들 역시 전염이 되죠. 예를 들어 볼게요. 만일 내가 좋아하는 친구가 오랫동안 짝사랑하던 애한테서 고백을 받았다며 날 붙들고 펄쩍펄쩍 뛴다면? 당연히 나도 기분이 좋아지면서 환호하게 되겠죠. 오래 키우던 강아지가 무지개다리를 건넜다면서 우는 친구를 보면? 나도 눈물이 핑 돌 거고요. 축구 경기를 보더라도 길거리 응원을 하면서 볼 때 혼자 영상을 보는 것보다 훨씬 재미있게 느껴지는 것 역시 다른 사람의 감정이 전염되기 때문이랍니다. T는 예외라고요? 아무리 T 성향이 강해도 분노라는 감정 앞에서는 장사가 없습니다.

분노는 전염성이 아주 높은 감정입니다. 워낙 원초적인 감정인데다가, 우리 안의 본능을 제대로 건드리기 때문일 거예요. 앞에서 지켜본 지하철의 할아버지들, 수안이네 오빠와 아빠, 마지막에 보나 엄마 미용실을 찾아온 아저씨와 보나 엄마의 모습을 보면 얼마나 전염력이 강한지 보이죠? 처음부터 펄쩍 뛰면서 화낼 생각이 없었던 사람들조차 옆 사람이 화를 버럭 낼 때 똑같이 맞받아치게 되잖아요.

누군가 나에게 버럭 화를 내면, 방금 전까지는 맨숭맨숭했던 마음도 '난 뭐 가만있을 줄 알아?' 하면서 발끈하게 되죠. 그런데 반대의 경우도 생각해 볼 수 있어요. 불같이 일었던 분노가 다른 사람의 차분하고 쿨한 감정 또는 반응에 의해 가라앉기도 하거든요. 내가 길길이 뛰면서 화를 낼 때 친구가 "내가 잘못했어. 화 풀어. 팥빙수 먹으러 갈까?" 하면서 사람 좋은 미소를 지어 보이면, 활활 타던 분노도 한 풀 꺾이면서 조금 차분해지잖아요.

분노가 전염성이 있다는 사실을 기억했으면 좋겠어요. 그러면 습관적으로 화를 내는 사람 옆에 있을 때 분노가 옮지 않게 나를 추스를 수 있습니다. 화가 치밀 때에도, 지금 내가 느끼는 화가 진짜 화낼 만해서 나는 건지, 분위기에 휩쓸려서 나는 건지 생각해 볼 수 있게 되지요.

1부에서 화가 나는 이유를 살펴보는 동안 화가 좀 풀린 친구들도 있을지 몰라요. '아, 내가 그래서 화가 났던 거였구나!' '아, 분노란 게 그냥 버럭 하는 것 말고도 많은 의미가 있구나!' 이런 깨달음을 얻으면서 말이죠. 하지만 그런 '앎'만으로 해결되지 않은 친구들이 훨씬 더 많을 거예요. 그래서 2부에서는 어떻게 하면 분노라는 불을 잘 다룰 수 있을지 함께 생각해 보려고 합니다. 아, 분노를 다룬다는 게 화를 내지 말자는 이야기가 아님을 잊으면 안 돼요! 분노를 다룬다는 건, 나도 남도 다치지 않기 위해 건강하게 화내는 방법이 있고 우린 그걸 배울 수 있다는 이야기입니다.

화가 드러나는 모습은 크게 두 가지입니다. 거의 정신줄 놓은 상태로 폭발하는 화(일명 폭탄형 분노)와 꾹꾹 참았다가 이상한 시점에 이상한 모습으로 엉뚱한 사람에게 터지는 화(일명 불발탄형 분노)로 나눌 수 있죠. 사람마다 내는 화의 형태가 다르고요. 상황에 따라서도 달라지죠. 화를 폭발하는 게 특기인 사람이 있는가 하면 번번이 불발탄을 골라 던지는 사람도 있고요. 집에서는 폭탄형인데 밖에서는 불발탄형인 경우도 있어요. 사람들을 두려움으로 술렁이게 만드는 '묻지마 범죄' 같은 경우는 오래 묵은 불발탄이 한 번에 거대한 폭발을 일으킨 걸로 볼 수 있어요.

어떤 식의 분노든 분노를 다룰 때 공통되는 첫 번째 원칙은 '분노를 잘 담아내야 한다'는 것입니다. 여기 펄펄 끓는 뜨거운 물이 있어요. 뜨거운 물이 담긴 스테인리스 컵을 아무 생각 없이 집어 들면 어떻게 될까요? 너무 뜨거워서 홱 던지기라도 한다면 나도, 내 옆에 있던 사람도 화상을 입겠죠. 이번에는 뜨거운 물을 보온병에 담아 냉장고 한구석에 넣어 두었다고 쳐요. 보온병의 특성상 냉장고에서 겉은 차가워질지 몰라도 내용물은 계속 뜨거울 텐데, 이게 뜨거운 물인 걸 알지 못한 누군가가 냉장고에서 꺼내서 벌컥벌컥 들이켠다면? 입안과 목구멍을 홀랑 데고 말 거예요.

하지만 뜨거운 물이 나쁜 건 아니잖아요? 물이 충분히 뜨거워야 컵라면도 맛있게 먹을 수 있고, 보온 주머니에 넣어서 따끈하게 사용할 수 있어요. 뜨거운 물이라도 제대로 다룰 수 있다면 문제가 없듯이, 화 역시 잘 다룰 수 있다면 문제가 되지 않아요. 이게 어느 정도로 뜨거운 건지 잘 확인해 가면서 사용할 수 있다면 괜찮습니다.

이번 장에서는 '폭탄형 분노'를 다루는 법을 이야기하려고 해요. 화가 나면 참을 생각은 눈곱만큼도 하지 않고 그냥 터뜨려 버리는 폭탄형 분노에 대해서요. 보나와 수안이의 이야기를 통해 폭탄형 분노의 정체를 자세히 살펴보기로 하죠.

폭탄형 분노의 종류

폭탄형 분노의 대표 주자는 '폭력'입니다. 폭력과 분노는 상관관계가 매우 높지요. 주먹이나 흉기를 휘두르는 폭력도 무시무시하지만 언어 폭력도 그에 못지않아요. 때로는 말로 받는 상처가 더 아프죠. 두드려 맞아서 든 멍은 시간이 지나면 없어지지만, 마음의 상처는 쉽게 가시지 않아요. 게다가 우리 기억은 무한 반복 재생이 가능하다는 사실. 기억하고 싶지 않은 내용일수록 또렷하게 기억되는 건 참 이상한 일이지요. "이것만큼은 까먹지 말아야지!" 하고 달달 외우는 건 순식간에 잊어버리면서, 누군가에게 들은 욕이나 마음을 아프게 하는 말들은 어쩜 그렇게 잊히지 않는지 모르겠어요!

정신적으로든 신체적으로든 '위협'을 하는 것도 폭탄형에 속해요. 할아버지 1(오늘 너 죽고 나 죽자!) 수안 아빠(어디 오늘 너 죽고 나 죽자!) 보나 엄마(경찰 부를 거야!) 모두, 자기가 상대방에게 어떻게 할 건지 분노를 폭발하면서 선언하잖아요? 이게 바로 위협입니다. 주먹 휘두르기, 삿대질하기, 멱살 잡기, 소리 지르기 등은 모두 위협적인 자세를 보여 주는 거예요.

'파괴'도 폭탄형에서 둘째가라면 서러운 형태입니다. 열 받아서 집어던지는 바람에 부서지는 휴대폰이 꽤 있다잖아요. 그런데 물건을 망가뜨리는 것만이 파괴가 아니에요. 화난 사람이 운전하는 차를 타 본 적이 있나요? 급제동과 과속을 일삼는 운전도 파괴적인 행동에 속해요. 술을 마시거나 금지된 약물에 손을 대는 것도 일종의 자신을 파괴하는 행동이라고 할 수 있고요. 하지만 뭐니 뭐니 해도 가장 무서운 파괴는 인간관계가 깨어지는 거라고 생각해요. 수안이네처럼 아버지와 아들 사이에 분노 폭탄이 터지면 가족 관계가 깨어지고 쉽게 지워지지 않는 깊은 상처를 남길 가능성이 크지요.

폭탄형 분노 제대로 알기

분노를 폭탄처럼 터뜨리는 사람들은 최소한의 기본 원칙들마

저 던져 버립니다. 지하철의 할아버지들을 보세요. 어릴 때부터 한 살이라도 나이가 많은 상대에게 존댓말 쓰는 걸 가르치는 나라에서 평생 살아온 분들이 입에 담지도 못할 대사들을 마구 쏟아내지요.

폭탄형 분노는 평상시의 그 사람과 전혀 다른 모습을 드러내게도 합니다. 보나 엄마를 보세요. 평소에는 수안이가 부러워할 만큼 자상하고 상냥한 미용실 원장님이잖아요. 그런데 분노 폭발의 순간이 되자 평상시의 교양과 우아함 다 집어던지고 소리소리 지르는 모습을 보였어요.

분노 폭탄이 터지면 이성이 마비되고, 어떻게든 상대방에게 더 깊고 더 큰 상처를 입히려고 합니다. 수안이 오빠와 아빠는 상대가 불쾌해할 말과 행동을 주고받았지요. 누가 더 심하다 말할 수 없을 정도로 막상막하의 실력을 보여 주었어요.

마침내 분노는 신체적 폭력으로까지 이어집니다. 오빠의 등짝을 내리치는 걸로 시작한 아빠는 엄마가 말리지 않았더라면 오빠를 마구 때리기까지 했을 거예요.

이렇게 무시무시한 폭탄형 분노의 속을 하나씩 살펴보도록 합시다. 폭탄 해체 작업을 하는 것처럼요. 분노의 껍질을 열고 들어가 제일 먼저 마주하게 되는 건 '자기중심성'이에요. 화가 많이 날수록 다른 사람에 대해서는 생각하지 않고 자신만 보게 되지요. 시야가 확 좁아진다고나 할까요? '내가 이런 말을 하면 저 사람에게는 이렇게 들리겠구나' 혹은 '내가 이 돌을 던졌을 때 저 사람이 맞으면 정말 아프겠구나' 이런 생각을 못 해요. 내 속에서 끓어오르는 이 뜨거운 것을 어떻게 하면 쏟아 낼까, 그 궁리만 하게 되지요.

한 꺼풀 안으로 더 들어가 볼게요. 자기중심성의 뿌리엔, "다 너 때문이야!"라는 책임전가의 마음이 자리 잡고 있어요. 자기가 감당할 수 없는 것들을 다른 사람들에게 떠넘기려고 하는 거예요. 앞에서 분노 뒤에 숨은 감정이 많다는 이야기를 했잖아요? 분노를 쏟아 내는 사람은 자기가 감당하기에는 너무 고통스러운 온갖 감정들을 '분노'라는 커다란 보따리에 몽땅 담아서 내다버리는 중이랍니다. 보나랑 수안이가 만난 지하철의 할아버지들, 아마도 제각기 안 좋은 일들을 경험하고 온 거 아닐까요. 수안 아빠가 감당하고 있을 삶의 무게라든가(가뜩이나 장마라 일자리 없어 속 시끄러운 거 알면서) 보나 엄마의 말(딴 데서 다쳐 놓고 왜 나한테 이래요?)을 들어보면, 이전에 좋지 않은 기억이 있었겠다는 생각이 들지 않나요?

여러분은 어떨지 궁금하네요. 꼭 화를 내지 않아도 되는 상황에서 벌컥 화를 냈을 때, 사실은 내 마음이 불편했던 건 아니었는지. 기분이 상해 있는 상태에서는 누가 아주 조금만 건드려도 터지기가 쉬워요. 깊이 베인 상처를 살짝만 건드려도 자지러지게 아픈 것처럼요.

폭탄형 분노를 다스리는 법

그럼 분노가 폭탄처럼 터지지 않게 하려면 어떻게 해야 할까요? 핵심 원칙 하나를 알려드립니다. 일명 선긋기이죠. '여기까지만, 더 넘어오지는 않게.' 혹은 '자, 오늘은 이제 그만!' 하면서 자신의 분노에 선을 긋는 것입니다. 마법의 분필이 있어서 '여기까지만' 하고 주문을 외우며 바닥에 선을 그으면 그 어떤 것도 넘어오지 못한다고 상상해 보세요.

황당하게 들릴지도 모르는 이 얘기가 분노 다루기에 적용될 때에는 실제적인 도움이 됩니다. 지금부터 우리는 분노에 선을 그을 거예요.

음, "왜 굳이 나의 분노에 내가 선을 그어야 하냐고요?"라고 끈질기게 묻는 친구들이 있을 것 같아요. 네, 저 역시 끈질기게 대답해 드릴게요. 분노를 폭발하다가 만신창이가 되는 건 바로 나 자신입니다. 내가 소중하기 때문에 나를 지키기 위해 분노에 선을 긋는 법을 배워야 한답니다.

잠깐, 나 지금 화난 건가?

넘쳐 오르는 분노에 선을 긋기 위해 첫 번째로 해야 할 일은, 자신이 화가 났음을 깨닫는 것입니다. 화가 폭발하는 순간에는 안에서부터 용암이 끓어올라 밖으로 흘러넘치는 화산처럼 모든 에너지가 바깥으로 흘러나가죠. 그 순간, 자신이 화가 났고 열이 받았다는 사실을 깨닫고, 자신에게 신호를 보낼 수 있다면 바깥으로만 향하고 있던 에너지가 잠시 멈칫하는 시간을 벌 수 있습니다.

혹시 국수를 삶아 본 적 있나요? 국수가 끓어올라 물이 넘치면 치우느라 애를 먹죠. 그럴 때 국수 삶기의 달인들이 잘 쓰는 방법이 있어요. 물이 넘치기 직전에 차가운 물을 조금 붓는 것입니다. 그러면 확 끓어오르던 물이 금방 잦아들거든요. 면도 탱탱해지고요. 그런데 국수를 맛있게 삶기 위해서는, 끓어오르는 그 순간을 잘 포착해야 해요. 끓지도 않았는데 물을 부으면 안 되고, 타이밍을 놓쳐서 넘쳐 버리는 것도 안 되죠. 딱 적당한 순간에 찬물을 조금만 넣어야 물바다도 안 되고 맛있는 국수를 먹을 수 있어요. 이처럼 내가 화가 났다는 걸 적절한 타이밍에 알아채는 것이 분노 조절의 첫 단추입니다.

1부 첫 이야기에서 만났던 선우와 시우 기억나요? 시우가 TV 앞에서 낄낄거리는 걸 보았던 그 순간에, 빈정이 확 상했던 그 순간에, 짜증이 불길처럼 솟구치는 그 순간에 '아, 나 지금 정말 화가 나 있구나'라는 사실을 깨달았다면, 그래서 마음에 마법의 분필로 선을 그었다면 얘기는 달라지지 않았을까요? '나는 지금 화가 많이 난다. 이게 터지면 두고두고 몇 배로 고생하게 될 것이다. 그냥 이 자리를 뜨자.' 그러면서 자기 방으로 들어갔다면 훨씬 괜찮은 엔딩이 되었을 텐데요. 뒤 이야기를 다 모르긴 해도, 선우가 동생에게 스파게티 세례를 준 뒤의 상황이 선우에게 좋은 쪽으로 전개됐을 가능성은 별로 없어 보여요.

중요한 건 내가 화나 있다는 걸 포착하는 것, 그 신호를 알아채는 거랍니다. 뼈아픈 실수를 반복한 뒤에야 깨닫기보다, 미리 알아챌수록 좋은 법인데요. 여러분은 화가 날 때 몸에 어떤 변화가 일어나는지 한번 생각해 보세요.

- 얼굴이 붉어진다.
- 평상시 사용하지 않던 말들이 튀어나온다.
- 가슴이 두근거린다.
- 주먹을 쥐고 부들부들 떤다 / 눈앞이 하얘진다.
- 무언가 내리치거나 집어던지고 싶다.
- 목소리가 커지거나 갈라져서 나온다.
- 나는 _____

저 일이 / 저 사람이 나보다 더 중요한가?

이런 식의 말들, 어쩌면 이기적으로 들릴 수도 있을 것 같은데요. 그러나 화가 나는 그 장면에서 콧대를 높이 든 채 한 번쯤 읊어 볼 가치가 있는 말이라고 생각합니다.

엄마 아빠에게 어렵게 허락 받고 친구들과 놀러 가기로 했는데, 자전거 타다가 넘어지면서 다리를 다쳐 못 가게 됐다면 안타 깝지만 그럴 수 있죠. 그런데 자전거 타다가 다른 사람과 시비가 붙어서 싸우다가 기차를 놓쳤다면? 그건 안 되죠!

백번 상대방이 잘못했다 하더라도, 옥신각신하느라 시간 낭 비를 하기보다 친구들과 가기로 한 여행이 소중하기 때문에 조 용히 그 자리를 떠나는 것이 좀 더 나은 선택일 거예요.

분노 폭발의 그 순간에 '잠깐, 내 인생이 저 일이나 저 사람들 보다 중요하잖아!'라고 한 번만 생각할 수 있다면, 그 생각만큼 이나 소중한 내 인생을 후회 가운데 망가뜨리는 일은 피할 수 있 을 겁니다. '잘난 내가 참는다'는 대사는, 폭탄형 분노를 달고 다 니는 친구들에게 권하고 싶은 말입니다. 자신이 잘났다고 생각 하지 않을지도 모르지만, 폭탄을 터뜨리지 않는 순간 나는 이미 잘난, 괜찮은 사람입니다. 내 인생의 한 장면 속을 그저 스쳐가 는 사람, 혹은 그저 지나가는 사건 때문에 소중한 나의 몸과 마 음을 해치거나 잃어서는 안 되겠습니다.

이 또한 지나간다

도사님의 대사처럼 들릴지 모르겠네요. 그런데 인생의 복잡 한 길을 걸어가다 보면 도사님 같은 자세가 필요할 때도 있어요. 그리고 자주 그렇게 할 수 있다면 사는 게 훨씬 더 편해진답니다.

분노가 치밀 때는 그 분노가, 그 상황이 그때 잠깐으로 끝날 거란 생각을 하기 힘들어요. 그래서 더 열심히 화를 내는 것이기도 하고요. 그렇지만 대부분의 상황들은 다 지나갑니다.

아까 서로 못 잡아먹어 으르렁거리던 지하철 할아버지들을 보세요. 꼭 앉고 싶거나, 기분이 나쁘면 옆 칸으로 가 버리면 되었을 텐데. 차라리 그 편이 상대가 내 인생에서 더 빨리 지나가게 만드는 방법이었을 거예요. 수안이네도 그렇죠. 수안이 입장에서는 도대체 이게 언제 끝나려나 싶을지 몰라도 시간은 생각보다 빨리 흐른답니다. 온가족이 다 모여서 살 수 있는 시간은 그렇게 길지 않아요. 수안이 오빠도 아빠 나이가 되면 예전의 아버지 모습을 생각하면서 마음 아파할지 모르고요. 수안이 아빠도 나이가 더 들면 자녀들에게 거칠게 대했던 시절을 떠올리면서 후회할지 몰라요.

시간이 흐르면서 다들 달라지고 변하는데, 그대로 남는 게 있습니다. 그건 바로 '나'라는 존재입니다. 생각해 보세요. 지나가 버릴 것들 때문에 계속 남아 있을 나를 소진해 버린다면 그야말로 심각한 손해 아닐까요?

분노에 대한 연구들이 누적되면서 점점 더 분명해지는 사실은, 분노를 터뜨리는 것이 정신 건강에 좋다고 지지하는 어떤 결과도 없다는 거예요. 화끈하게 화내서 뒤끝 없다고 자랑하는 사람들, 분노는 터뜨려야 제맛이라고 생각하는 사람들은 다시 생각해야 합니다.

분노를 잘 다스린다는 건 내가 갖고 있는 화를 겉으로 뿜어내서 속이 시원해지는 것이 아닙니다. 나를 열 받게 한 상대를 한 방에 보내 버리는 것도 아니고요. 그보다는 뜨끈뜨끈한 분노를 이리저리 튀지 않게 잘 담아내면서, 나를 화나게 한 상황을 해결하는 게 진정한 목표라는 사실을 염두에 두면 좋겠습니다. 잊지 마세요! 분노를 그냥 참으라는 것이 아니라, 나 자신이 소중하기 때문에 분노 담아내기를 선택해야 한다는 사실을요.

민서 이야기

나만 참으면
모두가 행복하니까

민서는 학교 근처 패스트푸드점에 들어갔다. 모레 있을 수행평가 때문에 모둠 친구들과 이곳에서 만나기로 했다. 입구에 도착해 시간을 확인하니 다행히 약속 시간 3분 전이었다. 매장 2층은 아무도 없고 텅 비어 있었다.

'역시, 학교 근처라서 일요일에 사람이 없군. 여기를 연습 장소로 선택한 건 신의 한 수였어. … 근데 애들이 왜 하나도 없지?'

민서는 구석에 자리를 잡고 대본을 꺼냈다. 내일모레 국어 시간에 그동안 조원들과 함께 준비한 연극을 발표해야 한다. 국어 수행평가로 '희곡 쓰고 연극 하기' 모둠 활동을 했는데, 드라마나 웹툰, 책, K-POP 등을 원작으로 삼아 극본화 해도 좋고 창작극을 만들어도 된다고 해서 민서는 어릴 때 읽은 환경 우화를 모티브 삼아 새로운 극본을 썼다. 어떤 모둠은 악뮤 〈후라이의 꿈〉의 가사를 가지고 연극으로 각색했고, 또 다른 모둠은 『신데렐라』를 액션 복수극으로 만들었다. 민서네 모둠에서는 민서가 쓴 대본이 채택되어 연극을 올리게 되었다. 자동으로 민서가 연출도 맡았다.

민서는 어젯밤 늦게까지 인터넷을 뒤져 적절한 BGM과 효과음

음원을 찾아 재편집했다. 오늘은 무대 의상을 갖추고 최종 음원에 맞춰 첫 리허설을 하는 날이다. 민서는 쇼핑백에 담아 온 연극 소품을 미리 꺼내 테이블 위에 쭉 늘어놓았다.

5분쯤 지나자 아이들이 하나둘 모여들기 시작했다. 제일 마지막으로 15분이나 지각한 미지가 요란하게 등장했다.

"와! 이 넓은 데를 단독으로 쓰는 거야? 대박!"

회비로 버거 세트를 주문해 테이블에 펼쳐 놓고 먹으며 왁자지껄 랜덤 토크를 나눈 뒤, 곧바로 연습 모드에 들어갔다. 다들 가방에서 꾸깃꾸깃한 연극 대본을 꺼내 들었다.

"아 참! 이거."

미지가 금요일에 빌려 간 세계사 노트를 민서에게 건넸다.

"우리 언니가 네 글씨 엄청 예쁘대."

민서는 노트를 받아 가방에 넣으려다 귀퉁이에 뭔가가 묻어 있는 것을 발견했다. 노트를 펼쳐 보니 꾹 눌린 중간 페이지에 둥그런 갈색 얼룩이 져 있고 종이가 울퉁불퉁 울었다.

"어…."

"미안! 어제 급하게 라면 냄비 받치느라고. 국물 조금 흘렸어. 헤헤, 미안 미안."

민서는 어처구니가 없었다. 어떻게 남의 노트를 빌려 가 냄비 받침에 얼룩 사고까지 쳐 놓고 저렇게 해맑게 웃을 수 있는지. 세계사 선생님을 짝사랑하는 민서가 얼마나 열심히 필기한 노트인지 뻔히 알면서 말이다. 그냥 휴대폰으로 사진만 찍어 가면 안 되냐고 몇 번이나 설득했지만 미지는 민서의 글씨가 너무 예뻐 언니한테 꼭 실물을 보여 주고 싶다, 사진으론 이 필기의 미적 완성도를 있는 그대로 전달할 수 없다, 현란한 찬사로 민서를 설득해 굳이 노트를 집에 들고 갔더랬다. 그런데 이 소중한 노트를 이렇게 만들어 놓고도 미지는 전혀 미안한 얼굴이 아니다. 민서는 얼굴이 벌겋게 상기되었다.

"어, 민서야, 혹시 화났어?"

미지가 해맑게 묻는다. 민서는 표정을 급히 수습했다. 만약 이 상황에서 싫은 소리를 한다면 곧바로 분위기가 싸해질 것이다. 힘들게 시간을 맞춰서 모였는데 자기가 화를 내면 애들이 불편해할 테고, 그러면 연습에 지장이 생길 것이 분명하다.

"어, 아니야. 괜찮아. 아, 여기 좀 덥네."

민서는 애써 웃으며 손부채질을 했다.

"대사 다 외워 왔지? 이제 대본 덮고 실전처럼 연습할 거야"

다들 앓는 소리를 하며 대본을 덮었다.

"일단 대사로만 끝까지 가 보자. 머릿속에 무대와 동선을 상상하면서 대사를 치는 거야. 자, 늙은 버섯, 과거를 회상하는 얼굴로 무대 중앙으로 나온다. 대사 큐!"

주인공 '늙은 버섯' 역할을 맡은 가은이 눈을 감고 대사를 시작했다.

"내가 살던 숲은 꽤나 울창한 곳이었지. 무성한 잎새를 자랑하는 멋들어진 나무로 빼곡히 차서, 나뭇잎이 무성한 여름철엔 햇볕조차도ㅡ."

"햇빛조차도."

틀린 대사를 민서가 바로잡아 주었다.

"아, 맞다. 햇빛조차도. … 나뭇잎이 무성한 여름철엔 햇빛조차도 그 틈을 뚫고 들어오지 못했어."

"비집고."

"뭐?"

"'뚫고 들어오지 못했어'가 아니라 '비집고 들어오지 못했어'."

"아, 미안. 비집고 들어오지 못했어."

가은이는 첫 대사부터 버벅거렸다.

"야, 김가은! 너 대사 다 못 외웠어?" 다음 차례인 보미가 미간을 찌푸리고 따졌다.

"아니, 외우긴 외웠는데…. 미안. 사실 어젯밤에 벼락치기를 하긴 했는데 다 못 외웠어."

가은이의 말에 모두의 얼굴이 사색이 되었다.

"야, 너 미쳤어? 수행평가가 내일모레야!"

"미안해. 학원 숙제가 너무 많아서 시간이 안 났어."

"야! 우린 뭐 학원 숙제 없냐? 네가 늙은 버섯 한다고 바득바득 우겨 가지고 주인공 시킨 건데!"

134

"진짜 미안. 이렇게 대사가 많을 줄 몰랐지."

"그러니까 틈날 때마다 미리미리 외워 놨어야지!"

"망했다. 우리 이제 어떡해!"

성적이 달린 문제 앞에 모두가 심각해졌다. 민서가 가은이에게 다급히 물었다.

"그래도 내일까진 외워 올 수 있지? 안 되는 건 없어. 무조건 해야 해."

그런데 가은이의 대답이 너무 황당했다.

"그게… 좀 힘들 것 같아."

"야 씨, 그게 뭔 소리야?" 이번엔 미지가 소리를 빽 질렀다.

"아니, 대사가 너무 문어체라 입에 안 붙어. 나도 안 외워져서 미치겠다고."

민서는 속에서 불덩어리가 울컥 올라오는 것을 느꼈다. 대사가 문어체라서 안 외워진다? 이 말은 결국 민서의 대본을 돌려 까기 하는 발언이 아닌가! 노력도 안 하고 남 탓만 하는 가은이에게 화가 치밀었지만 민서는 티를 내지 않으려고 애를 썼다.

"우리 어떡해, 민서야?"

보미가 세모꼴 눈을 하고서 민서를 쳐다보았다. 민서라고 별 뾰족한 수가 있을 리 없는데도 다들 어미 새를 바라보듯 민서만 쳐다보았다. 할 수 있다고 큰소리 뻥뻥 치다가 이제 와서 못 하겠다는 가은이도 대환장 빌런이고, 대책 없이 민서만 쳐다보는 보미와 재희도 부담스럽기 짝이 없다.

그때 미지가 테이블을 탁 내리치더니 민서를 가리켰다.

"민서야! 늙은 버섯 네가 하면 안 돼? 네가 쓴 대사니까 넌 금방 외울 수 있잖아!"

보미가 미지의 발언을 즉각 제지했다.

"안 돼! 민서는 연출을 해야 해서 회색 기계 역을 맡은 거잖아. 전체적인 그림을 보면서 큐를 줘야 하는데 주인공을 어떻게 해?"

그러나 미지는 이보다 더 좋은 아이디어는 없다는 듯이 강력하게 주장하고 나섰다.

"그렇다고 가은이가 계속 주인공 하면 우리 다 폭망이야! 시간도 없는데 빨리 대안을 찾아야지! 민서야! 요번엔 그냥 네가 희생 좀 해 주면 안 돼?"

"…희생?"

"모두를 위해서. 응? 너밖에 없다고."

민서는 기가 찼다. 가은이의 무책임에서 비롯된 일을 자기더러 해결하라고 떠넘기다니. 그리고 성적만 잘 받을 수 있다면 너 한 사람 희생하는 건 마땅하다는 미지의 이기적인 논리에 화가 치밀었다. 그런데 어느새 미지뿐 아니라 전부 다 똑같은 눈빛으로 민서를 쳐다보고 있는 게 아닌가. 자기들은 아무것도 손해 보려 하지 않으면서 자신에게만 무거운 짐을 지우는 친구들의 모습에 순간 민서는 환멸을 느꼈다.

"할 거지? 할 거지? 넌 해결사잖아!"

미지가 호들갑을 떨었다.

너무 화가 나는데 화도 못 내게 상황을 몰아가는 미지. 만약 여기서 민서가 버럭 화를 낸다면 지금껏 한 번도 민서가 화내는 모습을 본 적이 없는 친구들은 당황을 넘어 크나큰 충격을 받을 것이다. 갑자기 민서의 머릿속에 내일의 한 장면이 영화처럼 주르륵 펼쳐졌다.

가은 (호들갑 떨며) 야, 어제 민서 어쩔?

보미 장난 아니더라. 개빡쳐서 테이블 뒤집고 난리났잖아!

미지 와, 나 여태 개 순둥인 줄 알았는데 인성 뭐냐?

재희 여태 우리 앞에서 착한 척 위선 떨었던 거 다 들통난 거지!

사실 내일까지 갈 것도 없다. 민서가 만약 여기서 화를 낸다면 당장 분위기가 얼어 버릴 테고, 이를 수습해서 다시 연습 분위기를 조성하는 데까지만도 엄청난 시간이 걸릴 것이 분명하다. 마침내 민서는 결론에 이르렀다. 지금은 문제 해결이 급선무다. 이것은 다른 누구도 아닌 내 성적이 달린 내 문제다!

"할 수 없지. 알겠어. 그럼 내가 늙은 버섯 할 테니까 가은이가 회색 기계를 맡아."

다들 환호성을 지르며 손뼉을 쳐댔다.

"오, 예! 우리 조는 민서가 있어서 너무너무 다행 아니냐? 흑흑!"

어깨춤을 추며 호들갑 떠는 가은이가 너무 괘씸해 한마디 쏘아 주고 싶었지만 민서는 입을 다물었다. 서둘러야 했다. 동선을 따라 움직이며 연기하는 연습도 여러 번 돌려야 하고 BGM과 사운드 이펙트도 순서대로 재생하며 극과 맞추어 봐야 한다. 의상을 갖춰 입고 소품을 들고 제대로 연기를 해 보아야 부족한 점을 수정할 수 있다.

연극 연습은 날이 저물 때까지 이어졌다. 민서가 주인공을 맡자 모든 것이 무난하게 흘러갔다. 민서는 빠른 판단을 내려 최악의 사태는 면했으니 그나마 다행이라고 생각했다.

연습을 마치고 친구들은 다 집으로 돌아갔다. 그러나 민서는 아직 약속이 하나 더 남았다. 다른 지방의 대학에 들어간 선배 언니 소희와 저녁을 먹기로 한 것. 빨리 집에 가서 대사를 마저 암기하고 싶은 마음이 굴뚝같았지만 약속을 취소할 순 없었다. 두 주 전부터 연락해서 이번에 집에 오는 김에 민서를 꼭 만나고 갈 거라며 고집스럽게 약속을 잡은 소희를 실망시키고 싶지 않았다.

민서는 시내 중심 상가로 나가는 마을버스를 탔다. 버스 안에는 승객이 제법 많았다. 민서는 버스 손잡이를 잡고 서서 늙은 버섯의 대사를 속으로 웅얼웅얼 외웠다. 잠시 후 다음 정류장에 멈춘 버스가 한 무더기의 사람들을 태워 다시 출발했다.

그때였다. 못처럼 뾰족한 신발 굽이 민서의 발가락 끝에 쿡 박혔다. 민서는 너무 아파 '흡' 소리를 내며 입술을 깨물었다. 고개를 들어 범인을 확인했다. 조금 전 민서가 서 있는 자리로 쑤시고 들어온 그 여자였다. 스물대여섯 살쯤 돼 보이는 그녀는 남의 발을 밟은 것도 모른 채 이어폰을 끼고 음악을 듣고 있었다.

'저기요, 방금 제 발 밟으셨거든요. 사과 안 하세요?'라고 말하고 싶었지만 입이 떨어지지 않았다.

민서는 끙끙 앓는 소리를 내면서 그 여자가 한 번쯤 돌아봐 주기를 기다렸으나 그녀는 끝끝내 돌아보지 않았다. 민서는 버스에서 내릴 때까지 그녀의 뒤통수를 흘겨보기만 했다.

민서는 얼얼한 발을 끌며 소희와 만나기로 약속한 건물 앞으로 갔다. 10분 정도 일찍 도착한 민서는 건물 벽에 기대어 서서 늙은 버섯의 대사를 외웠다. 그런데 자꾸만 연습 때 뻔뻔하게 주인공을 바꿔 달라고 요구하던 친구들 얼굴이 어른거리고, 남의 발을 밟고도 꿈쩍 않던 버스녀의 뒤통수가 떠올라 집중이 되질 않았다.

유쾌하고 재미있는 소희 언니랑 수다를 떨다 보면 이 기분을 확 날려 버릴 수 있겠지 하는 데 생각이 미치자 갑자기 소희가 몹시 기다려졌다. 그런데 약속한 시간이 되어도 소희가 나타나지 않았다. 민서는 5분 정도 더 기다려 보다가 소희에게 DM을 보냈다.

[언니 저 도착했어요. 어디쯤 오셨어요?]

그러자 곧장 소희에게서 전화가 왔다.

"어머, 민서야. 벌써 와 있어? 어쩌지? 나 좀 늦겠는데."

"괜찮아요. 얼마나 늦어요?"

"한 30분쯤? 나 아직 집에서 못 나왔어."

민서는 귀를 의심했다.

"네?"

"미안, 미안! 그럴 일이 있었어. 대신 내가 맛있는 밥 쏠게. 식당에 들어가서 너 먹고 싶은 메뉴 정해 놓고 있어. 금방 날아갈게."

저 단전 아래에서부터 불덩이가 끓어올랐다. 이번엔 뒷골이 당기고 관자놀이까지 지끈거렸다. 그러나 어쩌겠는가. 그럴 사정이 있었다는데. 민서는 부글거리는 마음을 다독이며 근처 쌀국숫집에 들어가서 소희를 기다렸다. 민서는 갑갑한 가슴을 두드리며 몇 번이나 크게 한숨을 쉬었다.

25분 후에 소희에게서 DM이 왔다.

[미안 어쩌지? 나 20분쯤 더 늦겠다 ㅠㅠㅠㅠ 너 먼저 뭐라도 시켜서 먹고 있어.]

이어서 미안, 죄송, 용서해 줘 ㅠㅠㅠ 등등 온갖 종류의 사과 멘트가 채팅창을 뒤덮었다.

본격적으로 두통이 시작되었다. 대체 어쩌자는 것인가! 해도해도 너무하잖아! 민서는 배고픔과 화를 꾹꾹 눌러 참으며 소희를 기다렸다. 소희가 오면 한마디 할 작정이었다.

마침내 소희가 식당 문을 열고 들어왔다. 민서는 소희를 보고 손을 들어 올리다가 멈칫했다. 소희의 뒤를 따라 들어오는 사람이 있었다.

"민서야! 아유, 우리 이쁜 꼬맹이! 그동안 잘 지냈어? 언니 안 보고 싶었쪄염?"

소희는 민서를 와락 끌어안고 머리를 마구 헝클이며 요란하게 반가움을 표시했다. 민서는 멀뚱멀뚱한 눈으로 소희와 옆에 서 있는 낯선 언니를 번갈아 쳐다보았다.

"아, 얘는 내 고등학교 동창이야. 아 맞다! 얘가 너랑 같은 공성중학교 나왔으니까 네 선배기도 하네! 얘를 내가 너무 오래 못 봐서 기숙사 들어가기 전에 보고 가려고 나오라고 했지. 어? 민서야, 왜 아무것도 안 시켰어? 얼른 시키자! 배고프다!"

민서는 할 말을 잃고 말았다. 여태 어떻게 하면 분위기를 망치지 않으면서 내 감정이 매우 상했다는 말을 전할까 고심하고 있었는데 자기한테 묻지도 않고 친구까지 달고 나타나다니, 이 상황이 너무 기가 막혔다.

소희는 미안한 기색 하나 없이 메뉴판을 펼쳐 요리 세 개를 주문했다. 밥을 먹는 내내 소희는 교집합이 없는 민서와 동창을 번갈아 봐 가며 예능 MC처럼 근황을 묻고 정신없이 대화를 이끌어 갔다. 민서는 이 어색하고 이상한 만남이 몹시 불편했다. 빨리 집에 가서 쉬고 싶었다. 그러나 소희가 먼저 연락해 만나자고 한 이유가 있을 텐데 '언니, 이럴 거면 저 먼저 갈게요. 우리는 나중에 따로 만나요' 하고 일어설 수는 없었다. 민서는 수행평가 때문에 불안한 마음까지 꾸역꾸역 다스리며 말없이 밥만 먹었다.

식사를 마친 후 재스민차로 입가심을 하는데, 소희가 더할 수 없이 상냥한 목소리로 민서에게 말했다.

"민서야, 바쁘면 먼저 가도 돼. 나는 이 친구랑 할 얘기가 있어서 여기 좀 더 앉았다 갈게."

"…네?"

민서는 귀를 의심했다.

"언니, 오늘 저를 꼭 만나야 한대서 할 이야기가 있는 줄 알았는데…"

"어머, 아니야! 오랜만에 집에 온 김에 겸사겸사 너도 잠깐 보고 싶어서 만나자고 한 거야."

민서의 가슴속에서 견딜 수 없는 화가 마그마처럼 끓어오르기 시작했다.

'언니! 어떻게 나한테 이럴 수 있어요? 내가 그렇게 우스워요?'

이 말이 목구멍 끝까지 올라왔지만 민서는 한 마디도 입 밖으로 꺼내지 못했다. 자기가 화를 내면 소희가 오랜만에 만난 친구 앞에서 난처해질 텐데, 또 언니의 친구가 혹시라도 이 일로 언니를 안 좋게 보거나 오해하면 어떡해, 이런 오만 걱정이 앞서서였다. 더군다나 소희 언니와는 자주 만날 수도 없는 사이인데 괜히 화냈다가 서먹하게 헤어지면 나중에 관계를 다시 이어 붙일 자신이 없었다.

민서는 그냥 꾹 참고 넘어가기로 마음먹었다.

민서는 주섬주섬 가방을 챙겨 혼자 식당을 나왔다. 배우가 드라마에서 중도 하차할 때 이런 심정일까? 답답하고 억울한 마음이 좀처럼 가라앉지 않았다. 민서는 심호흡을 하며 행인들 사이를 하염없이 걸었다. '아냐, 그래도 잘 참은 거야. 적어도 관계는 망치지 않았잖아.' 민서는 스스로를 위로하며 다독였다. 하지만 이대로 집에 들어가면 연극 대사고 뭐고 머리에 들어오지 않을 것 같았다. 이 더러운 기분을 어떻게 처리해야 할지 몰라서 민서는 걷고 또 걸었다.

문 쌤의
마음 상담소

불발탄형 분노를
다스리는 법

흔히 분노라고 하면 앞 장에서 만난 친구들처럼 버럭 소리 지르며 화를 내거나 물건들이 막 날아다니는 모습을 생각하기 쉽지만, 분노는 꼭 그런 식으로만 모습을 드러내지는 않는답니다. 이름하여 '분노의 불발탄'이란 게 있지요. 발사되었지만 '아직' 터지지 않은 폭탄을 불발탄이라고 합니다. 이 책에서는 폭탄형 분노를 제외한 모든 형태의 분노를 통칭하는 말로 사용하려고 해요. 분명히 존재하지만 아직 터지지 않은 화를 불발탄이라고 부르자는 거죠.

사회가 현대화될수록 버럭 하는 것보다 세련되게 감정을 처리하는 방법이 권장되지요. 화를 잘 참아 내고 잘 담아내는 건 박수를 받을 만한 일이긴 한데, 내 딴엔 세련되고 우아하게 잘 참아 낸다고 한 것이 사실은 불발탄을 차곡차곡 저장한 것에 불과하다면? 언제 터질지 모를 불발탄을 안고 사는 삶은 얼마나 조마조마하고 불안할까요? 민서의 이야기에서 그 심각성을 엿볼 수 있어요.

불발탄형 분노의 종류

민서 주변에 있는 사람들은 마치 민서가 어디쯤에서 터지는지 쿡쿡 찔러 보는 사람들 같지 않나요? 어떻게 보면 화가 날 만한 필요 충분조건을 모두 갖춘 상황이거든요. 그런데 민서는 딱 한 가지 방법으로만 반응을 하네요. '꾹 참기'요. 근데 이게 꼭 나쁜 건 아니에요. 화를 참는 건 성숙한 행동이잖아요. 화가 날 때마다 머리채 잡고 싸운다면 그거야말로 미성숙한 모습이죠. 그렇지만 눌러 참기만 하는 사람은 마음에 심각한 문제가 생겨요. '담아내는' 게 아니라 '눌러 담는' 데는 한계가 있기 때문이죠! 눌러서 압축했을 뿐 전혀 해결되지 않은 분노는 언젠가 드러나게 되어 있어요. 쓰레기통을 비우기 귀찮다고 뚜껑을 꽉 닫은 채 눈에 잘 띄지 않는 구석으로 밀어 두면 쓰레기가 사라지나요? 아니죠! 벌레가 생기거나 고약한 냄새가 퍼져 나오는 건 시간문제입니다. 분노 역시 마찬가지예요. 아무리 애써 외면한다 해도 절대 사라지지 않거든요.

꾹 참기 외에도 뾰로통하게 삐치기, 냉소적으로 비아냥거리면서 반응하기 역시 불발탄 분노의 한 종류입니다. 만약에 민서가 생글생글 웃으면서 가은이에게 "네가 늙은 버섯 하기로 했으니까 네가 알아서 해야지"라고 말했다면? 겉으로 보기엔 화난 것 같지 않지만 이 역시 불발탄 특유의 은근한 모습으로 화를 낸 것입니다. 혹은 아무도 끼워 주지 않아서 하는 수 없이 같은 모둠이 된 재희에게 "너한테도 기회가 왔어. 이번에 주인공으로 데뷔해 봐! 너라면 잘할 거야!"라며 등을 떠민다면 이 역시 불발탄 형태로 드러나는 분노이고, 결코 건강한 모습이 아닐 거예요.

자기 비난도 불발탄 분노의 한 형태로 볼 수 있어요. 민서가 소희 선배와 황당한 일을 겪으면서 '언니가 저러는 건 다 내가 잘못해서야. 나한테 무언가 서운한 게 있으니까 그런 거지. 왜 소희 언니를 섭섭하게 했지? 아, 난 정말 바보야' 이렇게 생각한다면? 언제 터질지 모르는 불발탄을 잘 묻어 놓는 모습이겠죠.

마지막으로, 지나친 자기희생도 불발탄 형태의 분노입니다. 친구들이 민서에게 주연도 맡고 연출도 하라고 할 때, 민서가 "그래, 너희들 얘기를 들어 보니까 내가 하는 것밖에는 방법이 없어 보인다. 내가 연출도 하고, 소품 준비도 하고, 의상 준비도 할게. 어제도 밤새웠지만 오늘이랑 내일도 밤새우면 되지 뭐! 죽기밖에 더하겠냐? 괜찮아, 이 한 몸 우리 모둠을 위해 바칠 수 있으니 영광이다!" 이렇게 말했다면, 화를 안 냈으니 분노가 아닌가요? 그럴 리가요! 역시나 심각하게 뒤틀린 불발탄형 분노를 품고 있는 것이고, 절대 건강한 모습이 아니지요.

과장되게 느껴질 수도 있지만, 조직이나 공동체 내에서 이렇게 행동하는 사람은 생각보다 적지 않답니다. 자기가 해야 하는 건 제쳐 두고 남을 위해 무조건 예스만 하는 사람이라면, 혹시 자신의 내면에 아직 터지지 않은 분노가 깃들어 있는 건 아닌지 살펴볼 필요가 있어요.

불발탄형 분노 알기

그렇다면 왜 사람들은 불발탄형 분노를 갖게 되는 걸까요? 언뜻 생각하면 화를 펑 터뜨리는 게 훨씬 쉬워 보이는데 말이죠. 불발탄형 분노가 폭탄형보다 조금 더 복잡하고 어려운 건 맞아요. 불발탄형 분노 뒤에는 고도의 치밀한 계산이 들어 있거든요. 무슨 계산이냐고요? 화를 냈을 때 치러야 할 대가들에 대한 계산이요. 하나씩 살펴봅시다.

첫 번째로, 화를 내면 관계가 깨지고 혼자 남게 될 수도 있다는 생각이 들어요. 혼자 남으면 외롭고, 외로운 건 두렵다는 생각은 불발탄 분노의 핵심 요소입니다. 툭하면 화내는 사람 주변에는 아무도 남지 않는 걸 알고 있으니까, 나도 그렇게 될지 모른다고 겁을 먹는 거예요. 화를 냈다가 사람들에게 거절당하고, 어렵게 사귄 친구들이 떠나가고, 소중한 인간관계들이 망그러질까 봐 두려운 겁니다. 그런 두려움은 분노의 폭탄을 던지지 못하고 꿀꺽 삼켜서 불발탄이 되도록 재촉합니다. 관계가 깨어져 외로운 것보다는 차라리 자기 속을 끓이는 게 낫다고 생각하는 것이지요.

두 번째, 다른 사람들이 나를 어떻게 볼까에 대한 두려움도 불발탄 생성에 한몫합니다. 사람들이 나에게 실망할까 봐, 더 이상 나를 사랑하지 않을까 봐 전전긍긍하지요. 민서가 다음 날 떠돌게 될 소문에 대해 미리 걱정했던 것처럼요.

세 번째, 화를 꿀꺽 삼키는 이유 중에는 상대가 화를 낼 거라는, 그래서 문제가 심각해질 거라는 계산도 빼놓을 수 없습니다. 내가 화를 낸다 → 상대가 나보다 화를 더 낸다 → 열 받은 나, 또 화를 낸다 → 그 화 때문에 열 받은 상대, 또 화를 낸다. 이렇게 상황이 치달을까 봐 마음이 조마조마해서 확 타오르려는 나의 분노에 스스로 물을 끼얹어 불을 꺼 버립니다. 하지만 그 분노의 불은 완전히 꺼지지 않고 또 살아날 가능성이 높아요.

네 번째, 자라면서 배운 것들도 계산 안에 포함됩니다. 대부분의 우리는 지금껏 화를 내면 안 된다고, 화내는 건 나쁜 거라고 배워 왔지요. 계속 그렇게 부루퉁해 있으면 혼난다고 부모님으로부터 협박(?) 받아 본 친구들, 많이 있죠? 분노를 가라앉혀야 하지만 불씨가 남아 있다면 훗날의 불발탄이 됩니다. 부모님이 원래 우리에게 가르쳐 주고 싶었던 건 '건강하게 화내는 사람'이 되는 거였는데, 나는 '불발탄을 키우는 사람'이 되고 만 것이죠.

분노는 꼭 느껴야 하는 필수 감정

분노의 불발탄을 처리하는 방법을 소개하기 전에, 화는 감정이기 때문에 '느끼고 감지해야' 한다는 점을 짚고 넘어가려고 해요. 화가 나면 정말 골치 아프고, 차라리 화라는 감정 자체가 없으면 좋겠다고 생각하는 친구들도 있을지 모르겠는데요. 골치 아픈 감정이 어디 분노뿐인가요? 슬픈 감정, 질투심 같은 감정들로 괴로울 때는 대체 왜 이런 감정들이 존재해서 나를 힘들게 하나 하는 생각이 들지 않나요?

고통스러운 감정들을 쏙 뺀 채로 민서 이야기를 다시 구성해 본다면 이렇게 되지 않을까요? "가은아, 대사 못 외웠어? 괜찮아, 내가 하면 돼. 난 능력 있으니까! 하이힐로 내 발등을 밟아? 괜찮아, 나는 밟혀도 하나도 안 아파! 선배 언니가 약속을 어긴 걸로 모자라서 낯선 사람까지 끌고 나왔어? 괜찮아. 나는 다 품을 수 있어. 사랑으로 다 이해할 수 있어!" 흠, 그런데 민서는 천사가 아니라 평범한 인간이잖아요. 그러니 이런 일은 불가능해 보입니다.

적어도 이 땅에 발을 딛고 사는 동안에 분노는 꼭 필요한 감정입니다. 분노가 일종의 '통증' 같은 역할을 하기 때문이에요. 방문을 닫다가 손가락이 문에 끼면 아프죠. 손끝이 불에 스치기만 해도 정신이 번쩍 나고 아파요. 이럴 때 통증을 느끼지 못한다면 큰 문제가 되지요.

'한센병'(Hansen's disease)이라는 병명을 들어 본 적 있나요? 이 이름을 처음 들어 보는 사람이라 해도 이 병의 다른 이름인

'나병', 혹은 '문둥병'이라는 이름은 들어 봤을 거예요. 이 병의 특징은 통증을 못 느낀다는 점입니다. 나병균이 신경의 끝자락을 파괴하기 때문에 이 병에 걸리면 통증이 느껴지지 않아요. 방문에 손가락이 끼어도 모르고 난로에 손을 지져도 몰라요. 아픔을 느낄 수 있어야 내 몸을 지킬 수 있고 다치더라도 얼른 상처를 돌볼 수 있는데 아픔을 느끼지 못하니 작은 상처가 심각한 합병증으로 번지게 됩니다. 결국은 방문에 낀 손가락처럼 사소한 상처 때문에 손 전체를 절단하는 상황까지 갈 수 있어요.

분노 역시 통증과 비슷한 이유로, 느끼고 반응해야 할 필요가 있는 감정이랍니다. 그 감정을 자꾸 외면하다 보면 나중에는 자기 안에 폭탄이 들어 있는지, 내가 화를 눌렀는지 어땠는지도 모르는 상태에까지 이르게 됩니다. 마음 깊은 곳에 불발탄 저장고를 차려 놓고도 아무런 느낌이 없다면 정말 심각한 문제입니다. 안 터지면 다행이지만 언젠가 느닷없이 터졌을 때 자신과 주변 사람들까지 다치게 할 수 있기 때문이지요.

불발탄형 분노를 다스리는 법

불발탄형 분노가 위험한 건 어떤 시점에 갑자기 터질 가능성이 매우 높기 때문입니다. 학교나 학원에서는 찍소리 못 하고 꾹 참기만 하는 사람이 집에 있을 때에는 아무도 못 건드릴 정도로 무시무시한 폭탄으로 변신하기도 하잖아요? 이런 게 바로 엉뚱한 상대에게 엉뚱한 시점에 폭발하는 불발탄 분노의 치명적인 파괴력입니다.

그렇다고 해서, 화를 아예 내지 말자고 하는 게 아님을 꼭 기억해야 해요. 화를 잘 내야 건강할 수 있기 때문이죠. 실제로 생존하려면 화를 내야 하는 상황도 있어요. 암 환자들 가운데 화가 많이 나 있는 사람들의 생존 기간이 더 길다는 연구 결과가 있답니다. 암이란 병에게 화가 나고, 이렇게 약할 줄 몰랐던 나에게도 화가 나는데, 그 화가 자기 파괴적이 아닌 긍정적인 방향으로 작용하면서 생존 기간을 늘린 것이죠. 이런 이유로 무조건 화를 내지 않는 것이 목표가 되어서는 안 된다는 거예요.

그렇다면 건강하게 분노를 표출하는 방법은 무엇일까요? 가장 중요한 원칙은 프롤로그에서 소개한 아리스토텔레스의 명언, "누구나 화를 낼 수 있다. 그것은 쉽다. 하지만 당사자에게, 바른 관점을 가지고, 바른 시점에, 바른 의도를 갖고 바르게 화를 내는 것은 쉽지 않다"라는 말 속에 다 들어 있어요.

꾹꾹 눌러 놓아 언제 터질지 모르는 상태이면서 '난 화 잘 안 내, 쿨하거든!' 같은 착각에서 빠져 나오길 부탁드려요. 지금부터는 불발탄형 분노를 다루는 실제적인 방법을 소개할게요.

꼭 필요할 땐 화를 내야 해요

아무리 생각해도 부당한 상황이라면 화를 내는 게 맞아요. 혹시 여러분 중에 '화를 내다가 내가 미쳐 날뛰면 어쩌지?' 하고, 겁나서 아예 화낼 걸 생각도 않는 사람이 있을까요? 실제로 그렇게 '미쳐 날뛸' 가능성은 별로 많지 않으니 미리 걱정할 필요는 없습니다. 그래도 그런 걱정 때문에 화내는 게 여전히 무섭다면, 자신이 처한 상황과 화를 나게 하는 상대의 모습으로부터 자신의 감정을 한 걸음 떼어 놓고 현실적인 면에 초점을 맞추는 시도를 해 보면 좋겠습니다. 예를 들면 아까 우리가 지켜봤던 민서의 저녁 스케줄이요. 소희 언니가 바빴던 건 그렇다 치더라도, 낯선 친구를 데려오기까지 하는 건 많이 심했다는 생각이 드는데 여러분은 어떻게 보세요?

상황과 상대로부터 감정을 한 걸음 떼어 놓고 풀어 본다면 이렇게 될 거예요.

상황/상대 : 소희 언니는 약속한 시간보다 거의 한 시간은 늦게 나왔다. 내가 잘 모르는 다른 사람도 있어서, 나와 함께 이야기하거나 밥 먹으면서 이야기할 시간이 많이 줄어들었다.

나의 감정 : 언니 때문에 기분이 안 좋았고, 화도 치밀었다.

나에게는 나의 감정을 말할 권리가 있어요. 그 상황이 맞는지 틀리는지 이야기하다가 싸우자는 이야기가 아니랍니다. 기분이 안 좋고 화가 나는, 내 감정에 대한 이야기는 꼭 할 수 있어야 해요. 그래야 상대방에게 내 이야기가 '들립니다'. 내 마음이 어떤지 이야기를 하지 않으면 상대방은 내 마음을 알아챌 가능성이 거의 없어요. 앞에서 민서가 소희 언니에게 아무 말도 하지 않았잖아요? 그러면 소희 언니는 민서가 기분이 상했는지 어떤지 전혀 생각하지 못할 가능성이 커요. 더불어 이렇게 감정에 대한 이야기를 하는 것은, 마음 상한 채 내 안에 쪼그라 붙은 나를 격려하는 방법이기도 해요. 생각해 보세요. 내가 내 편을 들어주지 않으면 누가 내 편을 들어줄 수 있겠어요? 나 자신이 그렇게 함부로 대우 받아서는 안 되는 사람인 걸 보여 주기 위해서라도, 적절하게 화를 낼 필요가 있습니다.

　적당한 선에서 화를 내는 게 어렵다면 살짝 시늉만이라도 해 보세요. 인상을 찌푸린다든지, "흠, 그 말을 들으니까 기분이 좀 나쁜데?" 하고 조금이라도 표현해 보는 거죠. 도저히 그 자리에서 용기가 안 난다면 나중에 문자 메시지나 다양한 수단을 통해서라도, 내가 어떤 부분에서 어떻게 화가 났는지 짤막하게나마 알리는 연습을 해 보세요.

'NO'라고 말해도 돼요

때로는 "이건 아니다"라고 말할 수 있어야 해요. 적절하게 거절할 줄 아는 사람이 건강한 사람이거든요. 돌아보면 세상의 모든 것들이 다 그렇습니다. 먹고 싶다고 다 먹을 수 없고, 다른 사람이 자꾸 먹으라고 한다고 다 먹어서도 안 되잖아요. 내 배가 꽉 차서 못 먹겠다고 신호를 보내는데 계속 먹다가는 배탈이 날 거고요. 내 배 속 상태도 모르는 친구가 자꾸 먹으라 한다고 계속 먹었다간 토하는 사태가 벌어질 수도 있어요. 이처럼 '적절한 거절'은 분노를 건강하게 다루는 데 꼭 필요한 요소입니다.

다시 민서를 떠올려 보세요. 아이들이 자기들을 위해 희생해 달라며 당연한 듯 덤터기를 씌우려고 할 때, 민서가 이렇게 말했다면 어땠을까요? "나를 믿어 주고 격려해 주는 건 고맙지만 연출이랑 주연까지 하는 건 무리인 것 같아. 다른 방법을 찾아보면 좋겠어." 물론 이후의 상황이 순탄하고 평화롭지만은 않았을 거예요. 그렇지만 민서가 다 책임지는 상황이라고 해서, 순탄하고 평화로웠나요? 그리고 겉으로는 어떨지 몰라도 민서의 마음속은 절대 순탄하고 평화롭지 않다는 걸 우리 모두 지켜봤잖아요.

'NO'라고 말하는 건 얼떨결에 떠밀려서 'YES'라고 말하는 것보다 훨씬 어렵지만, 내가 다 해낼 수 없다고 판단했다면 분명하고 또렷하게 "아무래도 안 되겠어"라고 말하는 연습을 하면 좋겠습니다.

우리가 생각하는 끔찍한 엔딩은 상상에 불과해요

제대로 화를 내야 하는 상황에서 움찔하는 수많은 사람들, 그들이 그렇게 움츠러드는 건 미리 최악의 상황을 생각하기 때문인 경우가 많아요. 앞에서 민서가 머릿속에서 그려 보았던 '화 폭발 그다음 날' 장면이라든가, 소희 언니가 친구 앞에서 난처해할 거라는 예상이라든가 등등이요. 그렇지만 어느 누구도 앞으로 어떤 일이 벌어질지 정확하게 예견할 수는 없습니다. 그래서 심리학에서는 "예언자는 없다"라고 말하죠. 나쁜 일이 생기지 않고, 좋은 일이 생겼으면 좋겠다고 바랄 수는 있어도 반드시 나쁜 일이 생긴다든지, 좋은 일만 생길 거라고 예측할 수는 없다는 뜻이에요.

예를 들면 친구들 앞에서 민서가 "야, 근데 이건 정말 아니야. 이렇게는 안 되겠어"라고 언짢은 표시를 했을 때 민서의 예측대로 시끄러운 소문이 퍼져나갔을 수도 있지만요. 그와는 달리 친구들이 다음처럼 반응했을 수도 있지요.

가은 (호들갑 떨며) 야, 어제 민서 어쩔?

보미 장난 아니더라. 테이블이라도 뒤집을까 봐 걱정했잖아!

미지 야, 오버하지 마. 테이블을 왜 엎어. 다 너 같은 줄 아냐?

재희 그래도 나는 민서가 혼자 다 하겠다고 하지 않아서, 그러면서도 준비 안 한 우리들한테 뭐라고 하지 않아서 마음이 좀 놓이던걸.

가은 그래, 나도 민서가 나한테 화낼까 봐 쫄았는데 다 같이 잘하자고 말해 줘서 다시 마음을 잡았어.

그러니 머릿속에 그렸던 두려운 상황을 '정확히 예측한 현실'로 단정 짓지 마세요. 머릿속 그림은 늘 끔찍한 법이랍니다. 실제로 현실은 생각보다 나은 경우가 많아요.

거절당해도 괜찮아요

흠, 사실 거절당해도 괜찮다는 말은 정확한 표현이라고 하기는 어렵죠. 거절당하면 '안 괜찮다'는 걸 다들 잘 알고 있으니까요. 불발탄형 분노를 가진 사람들 중에 거절에 대한 두려움을 느끼는 사람들이 꽤 많아요. 사랑받고 인정받고 싶은 욕구가 큰 사람일수록 거절에 대한 두려움이 큰 편입니다. 그런 친구들은 남들에게 좋은 사람이 되기 위해 애쓰거나 다른 사람들의 시선을 많이 신경 쓰기도 하지요. 이런 사람이 거절을 당하면 마음의 타격이 엄청나서 큰 상처를 받기도 합니다. 그런데 한번 생각해 보세요. 거절을 하는 건 상대방의 의지이고 나는 그 사람의 의지를 좌지우지할 수 없어요. 그런데 거절을 당한 이후의 내 마음은 내가 다스릴 수 있잖아요. 그러니 거절의 아픔과 고통이 있다 해도 도망치지 말고, 아픔이 가라앉기를 조금만 기다려 주세요.

그래야 분노가 쌓이는 것을 막을 수 있어요. 거절을 당한다고 해서 기분 좋을 사람은 없지만, 그렇다고 '세상이 무너지는' 건 아니라는 사실을 기억했으면 좋겠습니다.

거절은 좌절의 의미로 다가오기도 해요. 자라면서 좌절과 거절을 겪지 않는 사람은 없어요. 좌절과 거절은 건강한 성장을 위해 꼭 필요하답니다. 어릴 때 적당한 수준의 거절을 경험하는 건 아이들이 건강하게 자라기 위해 반드시 필요한 과정이라고 해요. 엄마나 아빠가 "그건 위험해서 안 돼, 이제 그만 놀고 자" 같은 이야기를 하는 장면을 생각해 보세요. 하고 싶은 게 많은 꼬마 입장에서는 거절이지만, 갖고 싶다고 다 가질 수 없고, 하고 싶다고 다 할 수 없는 게 인생이기 때문에 나를 사랑하는 사람들의 적당한 거절을 차곡차곡 경험해야 스스로 잘 지낼 수 있는 멋진 사람으로 자랄 수 있습니다.

넘어지지 않고는 걷는 법을 배울 수 없어요. 처음 걸음마를 떼는 아기들은, 무수히 넘어지지만 다시 일어나서 걸으려고 애를 써요. 아기 때 여러분들이 했던 것처럼, 넘어질 때마다 다시 일어나서 걸으면 돼요. 쉬운 일은 아니지만 여러분 안에는 일어날 수 있는 회복력이 있다는 사실을 꼭 기억했으면 좋겠습니다.

그렇게 하는 것이 나 자신을 있는 그대로 받아들이고 분노의 불발탄을 제거할 수 있는 방법입니다. 거절당한 내가 너무 부끄럽고, 나란 사람이 무시당한 것 같아 마음이 무너지나요? 그럴 때, 내가 나를 안아 줄 수 있으면 좋겠어요. 넘어져 있는 나를 일으켜 주고 안아 줄 용기를 내 보세요.

그리고 이런 생각도 해 보면 좋겠어요. 내가 화만 안 내면 아무도 날 거절하지 않을까요? 그렇지 않아요! 내가 좋은 친구라면 다른 사람이 나를 거절하지 않을 거예요. 반대로 내가 좋은 친구가 아니라면, 아마도 거절하겠지요. 그런데 내가 좋은 친구인데도 거절하는 사람이라면? 그건 그 사람의 문제이지, 내 문제(특히 나의 화 문제)가 아니에요. 모든 좋은 사람들이 다 서로 친구가 될 수 있는 건 아니죠. 제아무리 맛있는 음식이라도 내가 안 좋아할 수 있는 것처럼, 나도 그 친구도 좋은 사람이지만 서로 아니다 싶을 수도 있어요. 괜찮아요, 나는 또 나와 잘 맞는 친구를 만나면 되니까요.

좀 길어진 이야기를 마무리하면서, 지뢰 탐지기의 이미지가 떠올랐어요. 지뢰밭인 걸 모르고 막 걸어 들어갔다가 다치면 큰일이니까, 터질 염려가 있는 지뢰나 불발탄을 찾기 위해 지뢰 탐지기를 이용한다죠. 우리도 이런 지뢰 탐지기를 마음속에 장착할 수 있다면 좋겠어요. 느닷없이 터져서 나도 남도 다치지 않도록, 내 안에 잠든 분노 폭탄이 어디 들어 있는지, 어떤 자극에 약한지 미리 탐지할 수 있도록 말이에요.

화를 내세요,
그리고 그 화를 극복하세요.

콜린 파월

이담 이야기

당신들이
날 이렇게 만들었어

"너 지금 뭐라고 했냐?"

이담이는 귀를 의심했다. 단아가 이별을 통보했다. 사귄 지 72일 만의 일이다.

"니 그 못된 성격을 도저히 감당 못 하겠다고! 오빠, 솔직히 말해 봐. 진짜 나 좋아한 거 맞아? 좋아하는데 그딴 식으로 행동한다고? 이제 그만하자. 더는 못 참아."

이담이는 어이가 없었다. 뒤통수치는 쪽이 누군데 지금 그녀는 말도 안 되는 트집을 잡고 있다.

"야! 되도 않는 핑계 작작 하고 솔직히 말해! 너 나 군대 간다니까 곰신 하기 싫어서 헤어지자는 거잖아! 아니야?"

단아가 이마에 내려온 머리카락을 입바람으로 휙 날리고 쏘아붙였다.

"군대 때문이라고? 오빠는 자기가 어떤 인간인지 아예 모르는구나?"

"내가 어떤 인간인데? 아, 삼수생? 나 삼수생인 거 모르고 만났냐? 이제 와서 그게 문제라는 거야?"

"와, 진짜 드럽게 말 안 통하네. 그래! 내가 그날만 생각하면 자다가도 열이 뻗쳐! 오빠가 나 헌팅한 날! 내가 미쳤지! 얼굴에 속아서. 삼수생이 포차 드나들 때부터 알아봤어야 했는데!"

"너 남친 입대 앞두고 이러면 반칙이야! 이 나쁜 X아!"

이담이는 단아의 왼쪽 팔목을 꽉 그러쥐었다. 단아가 비명을 지르며 이담을 뿌리쳤다.

"그래, 넌 이런 놈이야! 말보다 손이 먼저 나가는 놈! 생각보다 욕이 먼저 나가는 놈! 자기 탓은 하나도 없고 남 탓만 하는 놈!"

'내가?' 순간 저도 모르게 손아귀에 힘이 풀렸는지 단아가 손을 홱 빼며 뒤로 물러섰다.

"야! 곽이담! 그동안 괴로웠고, 다시는 보지 말자! 따라오지 마! 신고할 거야!"

그녀는 도망치듯 떠나갔다.

전혀 예상치 못한 실연은 아니었다. 최근 단아의 태도, 표정, 말투에 신호가 담겨 있었다. 마음의 준비는 얼추 하고 있었다. 그러나 막상 현실로 닥치자 가슴 한구석이 뚫린 것처럼 헛헛했다.

이담이는 동네 단골 편의점 문을 벌컥 열고 들어가 냉장고에서 맥주 한 캔을 집어 들었다. 성인이 되어서 가장 좋은 점은 언제든 자유롭게 술을 마실 수 있다는 것이다. 물론 주머니 사정은 나이만큼 자유롭지 못하지만.

야외 테이블에 앉아 마지막 한 모금을 들이켠 뒤 이담이는 입버

룻처럼 중얼거렸다. "이게 다 당신들 때문이야." 힘든 일이 있을 때마다, 그래서 누군가를 탓하고 싶어질 때마다 이담의 머리에 가장 먼저 떠오르는 얼굴들. 아빠와 엄마.

한 회사에 진득하게 붙어 있지 못하던 이담이의 아빠는 사업을 한답시고 집을 담보로 대출을 받았다가 깔끔하게 말아먹었다. 이 일로 아빠와 엄마는 이담이가 유치원 다닐 때부터 매일 박 터지게 싸워 댔고, 이담이가 초등학교를 졸업하던 해 겨울에 이혼했다. 두 사람이 갈라서기까지 6년간 이담이의 집은 늘 포화가 작렬하는 전쟁터였다. 귀청이 찢어질 듯한 부부 싸움이 끝나면 아빠는 늘 의자를 뻥 차서 넘어뜨리고 밖으로 나가 버렸고, 엄마는 어린 이담이를 붙들고 앉아 눈물을 뚝뚝 흘리며 아빠가 얼마나 무능하고 허세로 꽉 찬 인간인지 수만 가지 예를 들어 가며 설명했다. 이담이는 죄 없는 엄마를 불행하게 만든 아빠를 증오했다. 부모님이 이혼했을 때 당연히 엄마와 살겠다고 했다. 끔찍한 전쟁이 끝나자 이담이는 깊이 안도했고, 비로소 안정감을 느꼈다.

그러나 평화는 오래 가지 않았다. 중학교에 들어가면서부터 이담이에게 변화가 생겼다. 말이 적고 순둥순둥하던 그였는데, 하루에도 열두 번씩 감정이 요동쳤고, 분노 조절이 되지 않았다. 엄마는 이를 사춘기라고 명명했다. 불쾌하고 언짢기 짝이 없는 감정들이 파도처럼 넘실거렸지만 엄마가 이를 사춘기로 규정했으므로 이담이도 그렇게 받아들이기로 했다.

엄마와 단둘이 살면서 이담이는 아빠가 왜 그토록 엄마에게 진절머리를 냈는지 알게 되었다. 엄마는 모든 물건이 반드시 제자리에 있어야 하고, 화장실 변기는 항상 뚜껑이 내려져 있어야 하며, 알람이 한 번 울렸을 때 바로 일어나야 하고, 귀가 시간을 정확히 보고해야 했다. 아빠한테 쏟아지던 잔소리와 비난은 그대로 이담이에게 옮겨졌고, 이담이가 대차게 반항하는 날이면 엄마는 강아지 차차를 붙들고 이담이가 어떤 인간인지 낱낱이 읊으며 피해자 코스프레를 했다. 아빠만 빠지면 천국이 될 줄 알았던 집은 여전히 전쟁터였다. 이담이는 엄마마저 증오하기 시작했다.

이담이는 중학교부터 고등학교까지 6년 내내 학교며 집이며 모든 곳에서 겉돌았다. 전부 다 귀찮고 싫었다. 학교에서는 급식만 먹고 잠만 자다 돌아왔다. 꿈은 애초에 없었다. 중1 때 잠깐 가수가 되고 싶었지만, 이담이의 재능을 알아차리고 응원해 주는 사람은 아무도 없었다.

이담이가 술 냄새를 풍기며 집에 들어가자 엄마가 얼굴을 있는 힘껏 찡그리며 잔소리 폭격을 시작했다.

"삼수생 맞니? 대학 갈 생각이 있긴 한 거야?"

딱히 대학을 가고 싶어서 단과 학원에 등록한 건 아니었다. 단지 이 무위의 시간을 포장하기 위해 삼수생 노릇을 하는 것뿐이다. 열흘 뒤 입대할 때까지는 삼수생 명찰이라도 가지고 있어야 세상을 상대할 명분이 서니까.

엄마가 휴대폰을 쑥 내밀었다.

"뭔데?"

"봐."

문자 메시지의 발신인은 임서경, 아빠의 새 부인이다.

[동현 씨가 교통사고로 병원에 입원했습니다. 허리와 목을 다쳐서 전치 4주가 나왔습니다. 2주간 입원 예정입니다. 여산정형외과 입원동 504호. 알려드려야 할 것 같아서…]

동현 씨, 아빠의 이름을 보니 속에서 짜증이 훅 올라왔다.

"어쩌라고."

"가서 보고 와야지."

"내가 거길 왜 가!"

이담이가 버럭 소리를 지르자 엄마는 멈칫하며 입을 다물었다. 이담이의 분노는 수시로 급발진이 일어난다. 그러나 엄마도 할 말은 해야 하는 사람이다.

"아빠가 여태 너 재수 삼수 학원비까지 대 줬어. 아무리 싫어도 가야지. 곧 입대도 하는데 인사는 하고 가야 할 거 아니야!"

"하! 딴 여자랑 사는 물주 아빠한테 얼굴 도장 찍으러 가라 이거잖아!"

"그런 뜻이 아니잖아! 너한테는 하나뿐인 아빠고 적어도 너한텐 물심양면으로 잘했으니까…."

"왜? 아빠가 맘 잡고 돈 좀 버니까 이제 아쉬운 생각이 드나 보지?"

"곽이담!"

엄마가 얼굴이 벌게져서 소리를 빽 질렀다.

"너 왜 이렇게 꼬였어? 엄마한테 할 말이 있고 못 할 말이 있는 거야!"

"엄마는 언제 나한테 할 말 안 할 말 가려서 했고?"

"야!"

이담이는 다시 집을 나와 거리를 배회했다. 동네 오락실에서 펀치 기계를 부술 듯이 조져 주고 머리의 김을 한소끔 뺀 뒤에 다시 단골 편의점으로 들어갔다.

알바생이 반갑게 인사했지만 대꾸하지 않았다. 이담이는 냉장고에서 캔 맥주 한 개를 집어 들고 계산대로 돌아왔다. 그때 편의점 문이 열리고 손님이 들어왔다. 낯이 익은 젊은 남자였다. 이담이는 맥주 한 캔을 따서 한 모금 쭉 들이켠 뒤 포스기에 스마트폰을 태그하면서 그 손님을 계속 힐끔거렸다. 대학 과잠을 입고 묵직한 백팩을 어깨에 멘 그 손님의 얼굴이 이상하게 익숙했다.

생각났다!

"어? 야! 최도현?"

이담이는 반가운 마음에 손을 들어 인사했다. 도현이는 고1 때

같은 반이었다. 도현이가 고개를 돌려 이담이 얼굴을 보더니 순간 얼굴이 하얗게 질렸다.

"야! 나 몰라? 나 곽이담! 여기서 다 보네! 야, 이게 얼마 만이냐?"

도현이는 바위처럼 굳어 그 자리에서 꼼짝도 하지 않았다.

"너 이 자식, 성균관대 갔구나? 난 열흘 있다가 군대 간다! 하하하!"

이담이가 너스레를 떨며 아는 체하는데도 도현은 창백한 안색으로 가만히 서 있기만 했다. 이담이가 한 발자국 가까이 다가가자 갑자기 도현이 뒷걸음치더니 밖으로 뛰쳐나갔다.

'뭐야, 저거?' 이담이는 황당했다. 분명히 자신을 알아보았으면서 대꾸도 없이 가 버리다니.

이담이는 포스기 위에 올려둔 채 깜박한 휴대폰을 집어들다가 불현듯 어떤 기억이 떠올랐다. 고등학교 시절 도현이에 관한 기억이었다.

도현이는 이담이가 고등학교 2학년 2학기 내내 괴롭히던 아이였다. 음료수 셔틀을 시키고, 용돈을 갈취하고, 교실과 단톡방에서 조리돌림했던 아이. 이 일이 알려져 학교폭력위원회가 열렸었다. 이 일이 있은 후 이담이는 바로 자퇴했고, 도현이는 정신과 상담 후에도 한동안 학교에 적응하지 못해 결국 자퇴를 했다고 들었다.

망각의 저편으로 던져 났던 기억이 고스란히 소환된 순간, 이담이는 손으로 입을 틀어막았다.

최도현, 결코 그 아이가 미워서 그런 게 아니었다. 단지 걔에게 거슬린 점이 있다면 세상 걱정 하나 없어 보이는 순진한 얼굴 하나뿐이었다. 이담은 그저 온몸에 꽉 들어찬 분을 뿜어낼 대상이 필요했을 뿐 그 아이를 싫어한 적은 단 한순간도 없었다. 그래서 다시 만났을 때 순수하게 반가웠다. 그런데 자신을 보자마자 하얗게 질려 손을 바들바들 떨며 도망치는 도현이의 모습을 보고 이담이는 말할 수 없는 충격을 받았다.

'나, … 대체 어떤 삶을 살았던 거지?'

갑자기 참을 수 없이 속이 메슥거렸다. 지금껏 이담이는 한부모 가정의 피해자라는 자기연민을 붙들고 살아왔다. 그런데 실상은 힘없는 사람을 이유 없이 괴롭힌 가해자였던 것이다. 이담이는 자신에 관한 구역질 나는 진실을 마주하자 머리가 뒤엉킨 듯 어지러웠다. 자괴감인지 자기혐오인지 모를 이 더럽고 불쾌한 기분에서 빨리 도망치고 싶었다. 이담이는 늘 쓰던 마법의 멘트를 꺼내 들고 스스로에게 주문을 걸었다.

'내가 이렇게 된 건 다 당신들 때문이야.'

내가 이렇게 루저가 된 건 다 엄마 아빠 때문이야. 내가 사람을 패고 괴롭힌 것도 다 엄마 아빠 때문이야. 엄마 아빠가 제대로 살았으면 내가 이렇게 되지 않았을 거야. 내 생각은 안 하고 자기들

하고 싶은 대로 살았으면서 나한테 어떤 사과도 안 했어. 그래서 내가 비뚤어진 거야. 내가 이렇게 망가진 건 내 잘못이 아니야. 다 당신들 탓이야.

그런데 좀처럼 주문이 듣지 않았다.

이담이는 코인노래방에 들어가 목이 터져라 노래를 불렀다. 지난 시간이 주마등처럼 스쳐 갔다. 가정불화, 이혼 가정의 외아들, 자기를 수식하는 이 타이틀이 너무 싫어 화를 내며 살았을 뿐인데, 세월이 흘러 돌아보니 학교생활 부적응자, 학폭 가해자, 고등학교 자퇴생, 명목상의 삼수생, 이런 단어들이 이담을 규정하는 타이틀이 되어 있었다. 그 누가 강요해서가 아니라 그가 스스로 만들어 온 길이었다.

늘 마음속의 찝찝한 감정을 신속히 정화해 주던 마법의 멘트는 오늘부로 효험이 사라졌다. 이담이는 터질 듯한 감정을 주체하지 못해 주먹으로 노래방 소파를 미친 사람처럼 쿵쿵 내려치기 시작했다.

이담이가 화내는 걸 지켜보는데 이상하게 가슴 한구석이 아릿해지는 느낌, 저만 그런 건 아니지요? 이담이가 펄펄 끓는 화를 뿜어내는데 왜 내 콧잔등이 시큰할까요? 화를 내다가 주저앉은 이담이 얼굴에는 어쩐지 눈물이 흐르고 있을 것 같고요. 이건 지금부터 설명하려는 '오래 묵힌 분노'를 가진 사람의 특징이기도 하답니다.

시간이 흐르면 많은 것이 달라집니다. 아무리 핫한 신상도 언젠가는 구제품이 되는 것처럼요. 감정도 그렇게 달라집니다. 분노도 마찬가지예요. 오래된 분노는 뇌가 반응하는 자리도 달라요. 누가 내 발을 콱 밟고 지나갈 때 순간적으로 솟구치는 화는 뇌의 뒤쪽 부분에서 관리하고요. 이담이처럼 엄마 아빠에 대한 기억들과 뒤얽힌 오래 묵은 분노는 뇌의 앞부분, 전전두엽이라는 부분에서 관리합니다. 전두엽은 사춘기 시절에 중요한 뇌의 영역이라 나중에 한 번 더 이야기를 할 건데요. 일단 새 분노와 오래된 분노를 처리하는 뇌가 서로 다르다는 것만으로도 이 두 가지 분노에 다르게 접근해야 한다는 걸 짐작할 수 있겠지요?

오래된 분노 제대로 알기

먹다 만 빵이나 음식물을 서랍 속에 처박아 둔 적 있는 사람이라면 잘 알고 있을 거예요. 이름 모를 벌레들이 꼬이고, 심하면 곰팡이까지 핍니다. 썩은 냄새가 솔솔 올라오는 단계에 들어서면 서랍 속에 넣어 둔 내 소중한 물건들에도 영향을 미쳐요. 분노의 감정도 그렇습니다. 제때 내다 버리지 않고 구석에 처박아 두면 시간이 갈수록 골칫거리가 됩니다. 그럼 어떻게 해야 하냐고요? 늦었다고 생각할 때가 가장 빠른 때란 말처럼, 더 미루지 말고 지금이라도 케케묵은 화를 정리해야 하지요.

여기서 잠깐, 앞에서 만난 이담이 얘기로 돌아가 볼게요. 짧은 이야기에 여러 사람이 등장했는데요. 그들 가운데 제일 안타까운 사람은 누구라고 생각하나요?

다들 뒷면을 들여다보면, 마음 아픈 사연들이 가득할 거예요. 공공장소에서 고함치면서 자리를 박차고 일어나야 했던 단아도, 아들의 급발진 분노를 받아 내야 했던 엄마도, 사업 실패를 겪으면서 고생하다가 이제는 교통사고까지 당한 아빠도, 학폭의 피해자로 깊게 팬 상처를 가진 도현이도 모두 안타깝긴 마찬가지죠. 하지만 그중에 제일 안타까운 건 결국 이담이 자신인 것 같지 않나요? 여친도 떠나고, 앞날은 깜깜하고…. 사방을 둘러봐도 어디 하나 안심하고 기댈 수 있는 자리가 없어 보이니, 이담이는 정말 괴로울 거예요. 그리고 이건 다른 누구 때문이 아니라 자기 자신에게서 비롯된 거라서요. 내 안에 오래 묵힌 분노로부터 비롯된 파장은 그 근원을 정리해야 해결할 수 있습니다.

음, 잠깐만요! 누군가 화가 나서 내지르는 소리가 들리는 것 같은데요?

"이담이 이야기가 제 얘기 같아서요. 오래 묵은 분노 말이에요. 근데 이걸 왜 우리가 해결해야 해요? 누군가 나를 화나게 만든 거잖아요! 나를 화나게 만들었던 사람들이 모두 무릎 꿇고 빌면서 잘못했다고 사과해도 속이 풀릴까 말까인데 날더러 해결을 하라뇨!"

네, 억울하고 속상한 마음, 이해가 가요. 실제로 나를 화나게 했던 사람들이 줄줄이 무릎 꿇고 비는 상황이 된다면 참 좋을 텐데! 엄마도 아빠도, 여친도 이담이를 찾아와 "내가 정말 잘못했어. 미안해. 한 번만 더 기회를 줄 수 없을까? 앞으로 잘할게"라고 말해 준다면 말이에요. 하지만 이런 마법 같은 일이 일어난다고 해도, 분노의 상처들은 완전히 사라지지 않는답니다

여러분들도 이미 잘 알고 있듯이, 우리 삶은 아름답기만 한 동화가 아니잖아요. 그리고 세상의 일들은 누구 한 사람만 잘해서 되는 것도 아니거든요. 이담이 엄마가 잘했다면 이담이 아빠도 괜찮았을까요? 엄마 아빠만 잘했으면 이담이도 괜찮은 삶을 살았을까요? 글쎄요. 과거를 바꿀 수 있다 해도 미래가 달라진다는 보장은 없습니다. 하지만 그렇다고 해도 분노의 스토리가 항상 새드 엔딩으로 끝나야 하는 건 아닙니다. 왜냐고요? 과거를 돌이킬 수 없다 해도 우리가 바꿀 수 있는 게 아직 남아 있기 때

문입니다. 과거에 일어났던 일에 자신이 반응하는 방식, 그건 우리가 바꿀 수 있거든요.

다시 이담이에게 돌아가 봅시다. 이담이가 마음이 편치 않은 건 이해가 가지만, 그렇다고 누구나 그 상황에서 이담이처럼 반응하는 것은 아닙니다. 그렇게 본다면 이담이의 모습은 스스로 선택한 결과입니다. 이담이가 분노로 반응하기를 선택한 것이죠. 내 선택으로 지금의 모습이 되었다는 걸 인정할 때에만 우리는 달라질 수 있습니다. 이제, 가슴속 켜켜이 쌓아 두었던 분노를 잘 처리할 방법을 하나씩 소개할게요.

먼저 자신에게 솔직해지세요

이담이의 경우라면 '그래, 난 상처받았어. 엄마 아빠가 이혼한 건 내 탓이 아니었는데, 내 잘못이 아닌 것 때문에 내가 제일 아파야 했어' 이렇게 솔직하게 자신의 상처를 받아들이는 게 분노를 해결하는 첫 단계예요.

사람들은 아픈 기억일수록 마음속 깊은 곳에 감추어 두려 하지만, 상처를 인정해야 문제를 다룰 수 있는 힘도 생깁니다. 이담이가 '당신들 때문이야' 하는 주문을 반복할 때를 생각해 보면, 잠깐 마음이 편해질 수는 있어도 그걸로는 해결되는 게 없지요. 내 마음이 아픈 걸 덮으려고 남 탓을 하고 있었는데, 그 남 탓을 멈추어야 변화를 시작할 수 있고, 그건 내 마음속을 들여다보는 것으로만 가능합니다. 물론 상처를 되짚어보면서 내가 많이 아팠구나, 받아들이는 과정은 힘이 들어요. 애써 밀어 놨던 분노와 복잡다단한 감정까지 치밀어 오를 거고요. 그러나 분노를 터뜨리거나 꿀꺽 삼키는 게 문제지, 분노를 느끼는 것 자체는 문제가 아니라는 사실을 기억하세요.

시간을 내어서, 나에게 어떤 상처가 있는지 찬찬히 들여다보는 시도를 해 보라고 권하고 싶어요. 내가 가진 아픔과 상처의 목록을 써 보고, 자서전을 써 보는 것도 좋아요. 일기를 쓰는 습관이 있었던 친구라면 힘들었던 시기의 일기를 꺼내어 읽어 보는 것도 좋겠죠. 믿을 수 있는 사람에게 내 마음의 상처를 털어놓는 것은 상처를 치유하는 데 큰 도움이 될 겁니다. 마음 고생하느라 힘들었던 나를 통째로 받아들이고, 안아 주는 연습은 꼭 필요합니다.

'용서'에 대하여

오래된 분노를 해결하는 가장 강력한 방법이자, 많은 이들이 절대 하고 싶지 않을 그것을 소개합니다. 바로 '용서하기'예요.

"네? 용서요? 선생님, 그 사람들이 저한테 한 짓을 조금이라도 생각해 보셨어요? 자기 일 아니라고 너무 쉽게 얘기하시는 거 아니에요?"

투덜대는 소리가 여기까지 들리네요. 알아요, 저도 그 사람들이 잘했다고 생각하지 않거든요. 그런데 용서란 것 자체가, 다른 사람이 아닌 나 자신을 위한 것이기 때문에 용서에 대해 생각해 보자고 이야기하는 거예요.

여기서 잠깐, 전두엽 이야기를 좀 더 해 볼게요. 갓난아기들이 가지고 태어나는 뇌세포가 어른들보다 훨씬 많다는 거 아세요? 서울대병원 소아정신건강의학과 전문의인 김붕년 교수님의 책『10대 놀라운 뇌 불안한 뇌 아픈 뇌』에 따르면, 아기들은 무려 성인의 1.5배에 해당하는 뇌세포와 시냅스(뇌신경 연결 부위)를 갖고 태어난답니다. 일단 넉넉하게 갖고 태어난 뇌세포는 자라면서 '가지치기'라고 부르는 과정을 통해 정리가 되는데요. 대략 만 3살까지 왕성한 가지치기가 일어난다고 하죠. 그 뒤에는 잠시 소강상태에 있다가, 10대에 들어가면서 다시 와장창 가지치기가 일어나요. 그리고 이때는 주로 전두엽에서 이런 변화가 나타납니다. 전두엽은 상황에 대한 이해력과 통찰력을 담당하고, 감정을 조절하며, 계획을 세우고, 문제 해결을 시도하고, 충동 및 주의 집중력을 조절합니다. 결과를 예측하는 역할도 하지요. 자기 마음대로 다 하고 싶어 하는 아기 때에는 전두엽 기능이 그렇게 잘 발달되지 않은 상태인데, 10대가 되면서 전두엽이 발달하면 소위 '사람다운' 사람이 되어 갑니다. 아까 우리가 이담이의 이야기를 들으면서 "아, 그래서 그랬구나" 하고 이해를 한다든지, 욱하는 마음이 들 때가 있어도 어느 정도 내 감정을 조절한다든지, 쉽지는 않다 해도 '나 자신을 위해서 용서를 시도해 봐야 한다는 거잖아?' '그래야 내가 괜찮은 어른이 될 수 있다는 건가?'라는 생각이 든다면 모두 여러분의 전두엽이 잘 발달하고 있기 때문에 나타나는 현상이랍니다. 그 과정 가운데 하나가 용서입니다. 용서라는 개념 자체가 우리를 치유하지는 않아요. 그러나 분노의 굴레에서 벗어나기 위해서는 용서하는 과정이 반드시 필요합니다.

학폭은 절대 안 된다고, 수도 없이 들어 왔을 여러분에게 뇌과학이라는 관점에서 한 번 더 이야기해 주고 싶은 게 있어요. 사실 학폭의 가해자들은 자기가 하는 행동이 다른 사람에게 어떻게 영향을 미치는지 잘 생각하지 못할 때가 많답니다. 내가 때리면 저 사람은 많이 아프겠구나, 이런 생각을 할 수 있는 사람은 가해자가 되는 게 쉽지 않아요. 입장을 바꿔 놓고 생각하는 게 익숙하지 않은 사람일수록 더 무서운 폭력을 휘두르는 거죠. 그런 면에서 이담이는 그나마 다행이다 싶어요. '내가 무슨 잘못을 했다고 그래. 나는 장난이었는데!' 하고 우기지 않고 '내가 그런 사람이었구나, 내가 친구에게 상처를 주었구나'라고 돌이켜

볼 수 있다는 게 희망의 싹으로 보이니까요. 다행이라면 우리는 오늘의 선택으로 내일의 자신을 바꿀 수 있다는 점입니다. 피아노를 매일 치는 선택을 하면 음악과 관련된 뇌가 더 발달하고, 운동을 매일 하는 선택을 하면 운동을 담당하는 뇌가 발달합니다. 다른 사람이 아닌 나를 위해 작은 용서를 선택할 때, 무엇이 나에게 좋은지, 어떤 쪽이 나에게 도움이 되는지 판단하고 결정할 수 있는 뇌가 발달하게 되는 거랍니다.

용서가 중요한 이유를 심리학적 관점에서 하나 더 소개할게요. 용서하지 않으면, 우리는 우리에게 상처를 주었던 사람에게 내 삶을 지배할 힘을 주는 셈이라는 사실, 생각해 보셨나요? 아까 이담이만 봐도 그래요. "내가 이렇게 된 건 당신들 때문이야." 이 말이 맞다고 쳐 봐요. 그러면? 내가 뭘 하더라도 내가 한 게 아니라 엄마가, 아빠가, 또는 내가 정말 좋아하지 않는 그 사람이 한 거라는 뜻이 되잖아요. 내 인생의 주인공은 나인데, 나를 아프게 한 사람에게 내 인생을 좌지우지하는 힘을 주어서는 안 되죠. 용서를 하는 건 그 사람이 나한테 준 상처가 괜찮다고 말하는 게 아닙니다. 단지 내가 받았던 것만큼 또는 더 크게 되갚아 주겠다는 결심을 내려놓는 것이죠. 나에게 상처를 주고 나를 화나게 했던 사람들보다 내가 소중하기 때문에 나를 아끼기로 마음먹는 것이기도 합니다.

용서는 힘들지만 그 결과는 그만큼 달콤합니다. 용서를 하면 분노의 속박에서 벗어날 뿐 아니라, 기대하지 못했던 보너스까지 받게 되지요. 보너스란 바로 사람에 대한 새로운 통찰력인데요. 분노로 멀어 있던 눈이 열리면서 나를 아프게 한 상대의 뒷면과 나의 새로운 면까지 볼 수 있게 되는 거예요. 앞에서 소개한 전두엽의 기능 중에 이해력과 통찰력이 바로 이거랍니다. 그리고 이 어려운 걸 해내는 나, 꽤 괜찮지 않나요? 용서할 수 있는 나 자신에 대한 자부심보다 자아상을 단단하게 해 주는 것도 없습니다. 낮은 자존감 때문에 분노의 화신이 되었던 사람들이라면 여러 모로 용서를 시도해 볼 필요가 있습니다.

용서에 대한 네 가지 오해

용서 이야기를 하는 김에, 사람들이 용서에 대해 자주 오해하는 몇 가지를 짚어 보려고 해요.

용서는 잊어버리는 것이다?

용서에 대한 오해 중에 가장 대표적인 것이 '용서란 곧 그 일을 잊는 것'이라고 생각하는 거예요. 아이러니하게도 사람은 잊으려고 할수록 더 많이 생각하게 돼요. 이런 현상을 '백곰의 모순'이라고도 합니다. 5분 동안 백곰에 대해 생각하지 말자고 마음

먹어 보세요. 아마 백곰 생각을 더 많이 하게 될걸요. 그러니 '잊혀지지 않으니까 용서를 못 하는 거야'라는 건 틀린 말입니다. 정확히는 '용서를 안 하니까 잊혀지지 않는 거야'일 거예요.

용서를 하면 모든 괴로움이 사라진다?

용서를 했다고 해서 마음 상한 일을 떠올릴 때 화가 나지 않는다거나, 고통이나 슬픔을 느끼지 않는 것은 아니에요. 상대가 옳았다고 인정하라는 것은 더더욱 아니고요. 용서했다는 느낌이 용서하려는 결단을 따라잡기까지 시간이 오래 걸릴 수도 있고요. 용서한 후에도 분노가 느껴질 수 있어요. 그러니 용서 후에 아무렇지도 않게 지내는 게 불가능할 것 같아서 용서를 안 하겠다는 사람들에게 이렇게 이야기해 주고 싶어요. 아무렇지 않게 지내기 위해 용서하는 게 아니에요. 용서를 하지 않은 채 미움이라는 감정을 소모하며 살기에는 내 인생이 너무 아깝기 때문에, 용서를 해야 한다고 생각합니다.

용서는 나를 다치게 한 사람과
다시 사이좋게 지내야 하는 것이다?

내 마음을 아프게 한 사람을 용서한다고 해도 원래 관계대로 돌아가는 건 쉽지 않아요. 폭력의 피해자가 자기를 폭행한 사람을 용서한다고 해서 가해자였던 그 사람과 친하게 지내는 것이 목표가 될 필요는 없습니다. 학폭 피해자였던 도현이 기억나죠? 이담이를 용서한다고 해서 둘이 친구가 되어야만 진정한 용서냐, 그건 아니라는 거죠. 그래서 용서는 '내 마음에서' 일어나는 결단이라고 하는 겁니다. 상대방이 받아들이든 받아들이지 않든, 관계가 회복이 되든 되지 않든 나 스스로가 그때 받았던 상처들을 덮어 주고 보내 주려는 마음의 결정을 하는 것이 바로 용서입니다.

용서는 금방 이루어진다?

용서는 갑작스러운 깨달음이나 진한 감동이 몰려오는 것이 아닙니다. 그보다는 여러 단계로 이루어진 긴 여정 쪽에 가깝지요. 아주 천천히 그리고 아주 조금씩 태도와 감정이 달라지는 걸 뜻해요. 그러니 용서하기로 결심했는데 용서의 마음이 느껴지지 않는다고 하더라도 이상하게 생각할 필요 없어요. 용서하기로 결심하면, 즉 되갚아 주겠다는 결심을 내려놓으면 시간이 갈수록 내 안의 화는 서서히 가라앉는답니다. 미워하는 감정에 사로잡히는 대신 나를 아프게 했던 구체적인 행동을 용서하기로 굳게 결심하는 것, 이것이 용서를 가장 훌륭하게 실천하는 방법입니다.

나를 걱정하고 사랑하는
사람들을 만나 봐요

오래 묵은 분노에서 자유롭게 되기 위한 또 다른 방법은 좋은 사람들과 함께하는 것입니다. 어떤 사람이 좋은 사람일까요? 그 기준은 사람마다 다르겠지만 기본 원칙은 크게 다르지 않을 겁니다. 내 아픔을 자기 아픔처럼 보듬어 주는 사람, 그리고 비밀을 잘 지켜 줄 수 있는 사람일 거예요.

사랑 때문에 다친 상처는 사랑으로만 치유할 수 있다고 하잖아요? 인간관계 속에서 아픔을 겪은 사람 역시 인간관계 속에서 아픔을 치유해야 합니다. 내가 믿을 수 있는 사람들, 거리낌 없이 나 자신을 열어 보일 수 있는 사람들로 구성된 지원 시스템을 가동시켜 보세요.

만약 주변에 그런 사람이 없다면, 청소년 상담 센터나 상담 전문가를 찾아가 마음을 열어 보이는 것도 좋은 방법입니다. 저도 병원에 있으면서 오래 묻어 놨던 상처와 분노들에 대해 들을 때가 있는데요. 같이 화내고 같이 슬퍼하면서 이야기하다 보면 어느새 상처의 크기보다 훌쩍 자라 있는 친구들의 모습에 제가 위로를 받게 됩니다.

감사는 힘이 세요

자신의 상처에 정직해지고, 용서도 하고, 좋은 사람들과 어울리기도 하는데 아직도 분노가 치민다고요? 그럴 때야말로 특효약이 필요한 시점이지요. 그런 분들께 저는 '감사'라는 처방전을 드리겠습니다.

"말이 쉽죠! 화가 잔뜩 나 있는 시점에 감사라니 그게 가능한가요?"

네, 이렇게 말하는 심정도 이해해요. 상처가 깊고 오래된 만큼 발끈하는 마음이 크다는 것도 잘 알고 있어요. 그래도 잠깐만, 아주 잠깐만 생각해 보세요. 다른 무엇보다 소중한 나, 분노와 화로 곯아 버리기엔 너무 아까운 나를 위해 아주 조금만이라도 감사의 연습을 해 보면 어떨까요?

쉽지 않다는 걸 전제로 하고, 이담이 버전의 감사를 찾아본다면 아마도 이렇게 되겠지요.

- 단아가 헤어지자고 했다. 군대 가 있는 동안 내내 신경 쓰일 것 같았는데 그 걱정을 덜어 낸 걸 감사해야 하나?
- 부모님은 이혼하시고, 나는 지금 삼수생인데 감사? 그래도 굳이 찾는다면… 혼자서는 제대로 못 살 가능성이 99.99%였던 아버지가 재혼을 해서 직장생활이라도 한다 하고, 생활비라도 보내 주시는 게 감사하다면 감사할까. 그 생활비로 재수 학원에 이름이라도

얹어 놓았으니, 에잇 감사.

- 도현이를 만난 건, 조금은 충격적 의미에서 감사. 계속 '그 인간들' 탓을 하느라 내 생각은 거의 안 한 채로 지내 왔는데, 이제라도 나 자신이 어떤 사람인지 생각하게 되었다는 점에서 감사.

이 이야기의 또 다른 주인공인 이담이네 엄마가 감사를 실천해 본다면 이렇게 이야기가 흘러가지 않을까요?

- 허구한 날 싸우느라 몸도 마음도 너덜너덜했는데, 어쨌든 결혼생활이 정리가 되어서 감사. 양육비도 제대로 주지 않는 사람들이 있다는데, 이담이 학비며 용돈이며 챙길 것은 확실하게 챙기려 노력하는 사람이라는 게 그나마 감사.

- 까칠한 아들 키우면서 힘든 날들이 많지만, 그래도 나 혼자가 아니라서 감사. 버럭 소리 지르고 날뛸 때 보면 원수가 따로 없는데 그래도 마음이 풀린 날이면 엄마를 찾는 이담이가 있어서 감사. 늦게라도 철이 드는지, 예전에 자기 모습 돌아보면서 후회도 하고, 더 잘 살아야겠다 같은 예쁜 소리도 하는 걸 보면서 감사를 안 할 수는 없다.

- 이담 아빠가 재혼한 사람이 아주 엉터리는 아닌 것 같아서 감사. 내가 사람을 잘못 보고 결혼해서 애 낳고 살았다 생각하면 내 인생이 다 후회스러울 텐데, 적어도 그 정도의 인간은 아니라는 점

에서, 내가 그렇게 사람 보는 눈이 없는 건 아니라는 최소한의
위안으로 감사.

그리고 계속 마음이 쓰이는 친구, 도현이가 이담이를 만난 날
써내려 간 일기를 함께 보면서 이야기를 마무리할게요.

오늘 편의점에 갔다가 나의 고1을 악몽으로 만들어 버린 그 애
를 만났다. 고1 시절은 기억하고 싶지도 않다. 그렇지만 어떤 상
황에서든 감사 거리를 찾아보라고, 나를 치료해 주는 선생님이
권하신 대로 어거지로 감사 거리를 찾아본다.
고1 때 그 친구는 나에게 엄청난 영향력을 미쳤다. 그때 나는 그
친구에게서 벗어날 날이 올 거라곤 생각도 못 했다. 영원히 그
애의 종놈처럼 살 거라고, 나도 모르게 생각했던 것 같다. 오늘
도 약간은 그랬다. 아무 말 하지 못하고 나온 게 후회스럽기도
하다. 욕이라도 한마디 해 줄 걸 그랬나 싶지만…. 그래도 확실
한 건, 이전과는 분명 달랐다는 거다. 이전에는 그 애가 끄는 대
로 끌려 다녔는데, 오늘은 내가 끊어 낼 수 있었다. 무슨 일 있
었냐는 듯 다가오는 그 애에게 휘둘리지 않고 도망칠 용기를 냈
다. 다시 생각해 보니, 그 애한테 욕을 하거나 멱살잡이라도 했
다면 더 후회가 됐을 것 같다. 그래서 그 정도로 끝낸 게 감사하
다. 그 애 앞에서 무너져 내리지 않은 것도 돌아보니 감사.

그래, 그 친구 말대로 나는 공부를 열심히 했고 원하는 대학교에 들어갔다. 학폭으로 너무 힘들어서 자퇴하고 나올 때에는 인생이 끝난 것처럼 느껴졌는데, 내 삶이 그렇지 않아서 감사하다. 그 친구는 뭘 하면서 어떻게 살고 있는지 잘 모르겠지만, 내가 잘 먹고 잘 사는 게 최고의 복수라고 어른들이 말씀하시던 게 어느 정도 와닿는다. 그 애가 나를 다시 찾아와서 과거의 자기 잘못을 사죄하면 제일 좋겠지만, 그렇게 되지 않더라도 나는 내 삶을 잘 살아갈 거다. 이렇게 결론지을 수 있는 내가 최도현이다. 내가 최도현이어서 감사하다.

혜민 이야기

내가 그렇지 뭐
난 이래도 싸

체육 시간이 끝나 교실로 돌아가는데 소정이가 혜민이 곁에 바짝 따라붙었다.

"야, 전혜민!"

저만치 앞서 걷는 윤조를 따라잡으려고 빠른 속도로 걷고 있는데 소정이 갑자기 팔을 잡아채자 혜민은 짜증이 났다.

"왜?"

소정이가 혜민이의 귀에 대고 소곤거렸다.

"너 윤조가 준희랑 교환일기 쓰는 거 알아?"

혜민이는 걸음을 멈췄다. 말도 안 되는 이야기다. 윤조는 혜민이의 베프이고 교환일기를 공유하는 유일한 친구다. 윤조가 다른 애와 교환일기를 쓸 리가 없다.

"뭔 소리야? 없는 말 만들지 마."

"아냐, 나 봤어! 걔네 교환일기! 아까 쉬는 시간에 준희가 앱에 사진 올리고 스티커로 막 꾸미더라고. 슬쩍 보니까 교환일기 앱인 거야. 누구랑 쓰냐고 했더니 윤조랑 쓴다던데?"

혜민이의 얼굴이 싹 굳어진 것을 알아채지 못하고 소정은 눈치 없이 계속 말을 이어 갔다.

"벌써 3주 됐대. 딴 멤버 없이 단둘이 하더라고. 내용 보니까 장난 아냐! 고양이 사진, 최애 사진, 독후감에 공부 진도표까지 올리고, 댓글도 엄청 주고받던데?"

혜민이는 마치 급정거한 자동차처럼 머릿속의 피가 앞이마로 쏠리는 느낌이었다.

"너… 몰랐구나?"

아차 싶었는지 소정이가 입을 다물었다. 혜민이의 심장이 큰 낙차로 쿵 떨어졌다.

혜민이는 윤조와 한 반이 된 첫날부터 그녀와 친해지고 싶었다. 윤조는 공부도 잘하고 시원시원한 성격에 친화력까지 끝내 주는 전교 핵인싸였다. 혜민이는 그녀와 친구가 되고 싶어 3개월이나 주변을 맴돌며 친해지려 애썼고, 마침내 윤조가 자기와 밥을 먹고 따로 연락해 만나기도 하는 사이가 되었을 때 정말 기뻤다. 가까이 지내 보니 윤조는 다정다감하고 배려심까지 많은 아이였다. 혜민이가 오래 망설이다 제안한 교환일기를 윤조가 흔쾌히 오케이했을 때, 혜민이는 이 매력적인 친구와 마음을 터놓는 유일한 베프가 되었다는 사실이 감격스럽고 으쓱하기까지 했다. 그런데 윤조가 준희와도 교환일기를 쓰고 있었다니…. 혜민이는 최근에 윤조의 교환일기 등록이 자꾸 늦어졌던 이유를 이제야 알게 됐다. "일기 너 차례인데, 아직 멀었어?" 하고 조심스레 물을 때마다 어쩐지 조금 귀찮아하는 듯하던 표정의 의미도.

돌아보니 정말로 그랬다. 지난달에 분단이 바뀌어 준희와 짝이 된 후로 그 둘이 부쩍 가까워지더니, 함께 주번이 된 이번 주부터는 껌딱지처럼 붙어 다녔다. 물론 윤조가 혜민이에게 무관심하거나 불친절해진 것은 아니었다. 윤조는 언제나 그랬듯이 모든 아이들에게 공평한 미소와 스윗한 친절을 보여 주었다. 그러나 혜민이는 그 '모든' 아이들 중에 하나가 되었다는 사실이 견딜 수 없었다.

마지막 교시 내내 붙어 앉아 눈웃음을 교환하는 둘을 뒤에서 보고 있으려니 혜민이는 속이 타들어 갔다. 부반장인 준희는 소심하고 낯을 가리는 혜민이와는 딴판인 아이다. 진지함과 유머 감각을 겸비하고, 영화와 음악, 책 등에 마니아 수준의 해박한 지식마저 갖춘, 준희는 우리 반의 대표 엄친딸이다. 혜민이는 하나뿐인 친구를 준희에게 빼앗길까 봐 불안했다.

문득 일주일 전 수학 시간이 떠올랐다. 혜민이는 수업 시간 내내 교과서 한쪽 면 귀퉁이마다 일일이 그림을 그렸다. 쉬는 시간에 촤라락 책을 넘기며 동영상 촬영을 한 뒤 나름 애니메이션을 만들었다고 으쓱해서 윤조와의 교환일기에 업로드했는데, 그걸 열어 본 윤조가 찰나였지만 한심하다는 눈빛으로 자신을 쳐다보았다. 혹시 그 일 때문에?

혜민이는 책상에 이마를 쿵 박고 발을 굴렀다. 아아! 난 왜 이 모양일까? 윤조가 얼마나 나를 한심하게 생각했을까? 윤조한테 자랑스러운 친구가 되고 싶어 "수업 시간에 절대 딴짓 안 하고 성적도 5등 올릴게!" 하며 손가락까지 걸고 약속했는데…. 이틀도 지나지 않아 까맣게 잊고 교환일기에만 코 박고 앉아 있는 나를 보고 얼마나 한심했을까? 내 의지력은 왜 이것밖에 안 되는 거지? 왜 나는 아무리 결심하고 또 결심해도 작심삼일도 못 버티는 거야? 이런 내가 너무 싫다!

혜민은 검지 손톱을 잘근잘근 물어뜯었다. 하나뿐인 친구에게 경멸의 시선을 받을 만큼 형편없고 모자란 자신이 너무 미웠다. "아야!" 손톱이 너덜너덜해지고 손톱 밑의 살이 벌겋게 드러난 것을 보고야 혜민은 손톱 괴롭히기를 그만두었다.

터덜터덜 문을 열고 들어가니 현관 앞에 엄마의 구두가 놓여 있었다. 늘 야근하던 엄마가 평소보다 일찍 집에 들어온 모양이다. 혜민이는 반가운 마음에 안방으로 달려갔다. 엄마는 새로 산 정장을 입고 거울 앞에서 스카프와 가방을 이리저리 대 보고 있었다.

"엄마아…."

"어, 왔어?"

혜민이 가방을 툭 떨어뜨리고 양팔을 내밀었지만 엄마는 계속 옷매무시만 살폈다.

"혜민아, 스카프 이게 나아, 이게 나아? 엄마 오늘 아빠랑 부부

동반 모임 있어."

"엄마…."

"어, 왜? … 아, 살쪘나, 옷태가 왜 이러냐."

엄마는 재킷 허리춤의 울퉁불퉁한 부분을 못마땅한 듯 손으로 문지르다가 옷장에서 넓적한 검정 허리띠를 꺼내 허리에 둘렀다.

"음, 좀 낫네. 혜민아, 가방은 뭐 할까? 이게 괜찮지? 오, 혜민아, 어때? 엄마 좀 있어 보여?"

엄마는 독백 같은 대화를 계속할 뿐 혜민이를 상대해 주지 않았다. 혜민이의 눈에서 참았던 눈물이 뚝 떨어졌다.

"엄마."

혜민이는 울먹이는 목소리로 엄마를 부른 뒤 고개를 푹 떨구고 흐느꼈다. 그제야 엄마가 혜민이를 돌아봤다.

"어? 전혜민. 갑자기 왜 울어? 무슨 일이야?"

"베프였던 윤조가 다른 애랑 더 친해졌어."

여기까지 말하고 혜민이는 서러움이 북받쳐 흐엉 소리 내어 울기 시작했다. 엄마는 무심한 얼굴로 벽시계를 힐끔 보고는 좌우 대칭의 말굽 로고가 겹쳐진 가방을 집어 들고서 혜민이의 엉덩이를 너덧 번 토닥였다.

"아이구, 그랬어? 그래서 우리 딸이 이렇게 슬프게 우는 거야? 호호호."

말 끝머리에 따라붙은 웃음소리를 듣는 순간 혜민이는 벽으로

195

쾅 밀쳐진 것 같았다.

"혜민아, 엄마 지금 바로 나가야 해서 네 얘기 더 못 들어 줘. 엄마가 말했지? 네 나이 땐 다 그런 일 겪으면서 크는 거라고. 한숨 자고 일어나면 아무것도 아닌 일이야! 빨리 마음 풀어, 알았지? 그리고, 너 겨우 이런 일로 학원 빠지고 그러면 아빠한테 혼난다? 아빠가 네 학원 스케줄 다 꿰고 있는 거 알아, 몰라? 꾀부리지 말고 빨리 저녁 먹고 학원 가. 알았어?"

현관문이 철커덩 닫혔다. 혜민은 엄마가 달아난 현관문을 물끄러미 바라보았다. 심장에 돌이 콱 박힌 것처럼 아팠다. 엄마는 늘 그래. 내 맘을 하나도 몰라. 손톱만큼도 알고 싶어 하지 않아. 아니, 어쩌면 엄마 말대로 별것 아닌 일에 목숨 거는 내가 진짜 멍청한 건지도 몰라. 이렇게 생각하니 마음이 찌르르 아렸다.

주방 식탁 위에 대충 차려진 간편식을 보자 입맛이 떨어졌다. 배가 몹시 고팠지만 물 한 모금 삼키고 싶지 않았다. 먹었다가는 바로 체할 것 같았다. 혜민이는 결국 빈속으로 학원에 갔다. 수학 강의를 듣는 내내 머리에 아무것도 들어오지 않았다. 윤조와 준희가 꽁냥거리던 모습만 눈에 아른거렸다. 허기져서 명치가 몹시 쓰렸지만 베프에게조차 외면받는 인간에게 식욕 따위는 사치라고 생각했다. 그날 밤 혜민은 한숨도 자지 못했다.

이튿날 점심시간, 화장실에 들렀다가 식당에 조금 늦게 도착하니 윤조와 준희가 나란히 앉아 밥을 먹고 있었다. 무슨 이야기를 하는지 까르르 웃음이 터져서 손뼉을 치는 두 사람을 보고 혜민이의 가슴은 무너져 내렸다.

혜민이는 두 사람 앞으로 달려갔다.

"어, 혜민아! 이제 와? 얼른 밥 타 와. 같이 먹자."

윤조가 눈웃음을 지으며 다정하게 말했다. 저 따뜻한 눈웃음이 얼마나 힘이 되고 소중했던가! 무엇이든 다 들어주고 다 받아 줄 것 같은 저 미소를 볼 때마다 혜민은 세상에서 가장 소중한 존재가 된 것 같아 기뻤다. 그런데 저 미소를 준희와 나눠 가져야 한다니, 아니 준희가 빼앗아 갔다고 생각하니 견딜 수가 없었다. 준희는 윤조가 아니더라도 자기가 원하면 그 누구와도 친구가 될 수 있는 아이다. 그런데 왜 가진 게 하나도 없는 내 것을, 간신히 차지한 내 것을 빼앗아 간단 말인가!

혜민이는 주먹을 꽉 쥐고 윤조의 눈을 쳐다보며 떨리는 목소리로 물었다. 온몸이 후들후들 흔들렸다.

"고윤조. 누가 네 베프인 거야? 준희야, 나야?"

"어?"

윤조가 눈을 동그랗게 뜨고 혜민이를 쳐다보았다.

"무슨 말이야, 갑자기?"

"나잖아! 내가 네 베프잖아! 근데 왜 쟤랑 교환일기 쓰는 건데?"

혜민이가 손가락으로 준희를 가리키자 윤조는 멍한 얼굴로 혜민이를 올려다보았다. 준희 역시 당황해서 눈동자를 또르르 굴리며 윤조와 혜민이를 번갈아 쳐다보았다.

"말해! 왜 나랑 너 사이에 박준희가 끼어든 건지!"

그 순간, 윤조의 미간에 뭉뚝한 주름이 그어졌다. 그러나 윤조는 여전히 미소를 유지하며 대답했다.

"혜민아, 끼어들다니 무슨 말이 그래? 준희랑은 같이 주번 하면서 이런저런 얘기 하다가 독서랑 공부 주제로 교환일기 써 보자 해서 시작한 거야."

"교환일기는 원래 나하고만 쓰는 거였잖아!"

순간 윤조의 얼굴에 웃음기가 가셨다. 그러나 여전히 부드러운 어조로 차분하게 대답했다.

"혜민아, 교환일기를 반드시 한 사람하고만 쓰라는 법은 없어."

"너랑 내가 베프잖아! 베프끼리만 하는 일을 왜 딴 사람이랑 하고 있냐고!"

혜민이의 언성이 높아졌다. 식당에 막 들어온 1학년 아이들이 일제히 이쪽을 쳐다보았다. 그러나 혜민이의 눈에는 보이는 게 없었다.

윤조는 목소리를 낮추었다.

"혜민아, 너는 베프가 딱 한 사람이어야 한다는 거야? 베프는 여러 명일 수 있어."

윤조의 목소리는 이미 예전의 온도가 아니었다. 사뭇 냉랭해진 윤조의 말투에 혜민이는 날카로운 찬바람이 가슴을 베고 들어오는 것 같았다.

"베프가 어떻게 여러 명일 수 있어? 베스트 프렌드는 가장 친한 친구잖아. '가장'이 뭔데? 가장은 하나밖에 없다는 뜻이야!"

"전혜민, 그럼 내가 너랑만 친구로 지내야 한다는 뜻이야? 다른 애들이랑은 전부 다 끊고?"

갑자기 윤조가 혜민이의 이름에 성을 붙여 불렀다. 혜민이는 당황했다.

"…뭐?"

"나는 준희랑도 친구 하고 싶고, 보현이랑도 친구 하고 싶고, 온유랑도 친구 하고 싶어. 그러면 안 되는 거야?"

혜민이는 단 한 번도 신경 써 본 적이 없는 이름들을 윤조가 열거하자 심장이 짜부라지는 것처럼 고통스러웠다.

"보현이? 온유? 걔네는 또 왜…. 윤조 너 진짜 너무한다! 너한테 나는 그럼 대체 뭐야?"

윤조는 왼손으로 이마를 짚고 길게 한숨을 내쉬었다. 잠시 숨을 고른 뒤 윤조가 대답했다.

"혜민아, 물론 너는 내 소중한 베프야. 하지만 다른 애들도 얼마든지 너랑 똑같이 내 베프가 될 수 있어."

윤조에게서 듣고 싶었던 말은 끝내 한마디도 나오지 않았다. 혜민이의 손과 무릎이 바들바들 떨렸다. 배신감과 절망감이 분노가 되어 해일처럼 혜민이를 덮쳤다.

"그럼 난 베프면서 베프가 아닌 거네? 와아… 베프인 줄 알았던 애한테 뒤통수 맞고, 베프라고 믿었던 애한테 손절당하고…. 하! 내가 그렇지 뭐. 공부도 못하지, 잘하는 것도 없지, 심지어 작심하루에 의지력까지 꽝이잖아? 내가 이 모양 이 꼴이니까 베프가 날 싫어할 수밖에 없지."

배배 꼬인 혜민이의 넋두리를 듣고 있던 윤조가 드르륵 의자를 밀고 자리에서 일어났다.

"전혜민, 너 진짜 사람 질리게 한다. 원래 이런 애였니? 이럴 거면 우리 베프고 뭐고 그만하자! 그게 낫겠다."

윤조는 밥이 반이나 남은 식판을 들고 시베리아 빙산처럼 차가운 얼굴로 자리를 떠나 버렸다. 준희도 난감한 얼굴로 그 뒤를 따랐다. 홀로 남은 혜민이는 식당을 나가는 두 사람을 멍하게 쳐다보았다. 그 순간 퍼뜩 정신이 돌아왔다.

이게 아닌데…! 이러려던 게 아닌데! 좋게 잘 이야기해서 윤조의 마음을 돌려놓을 생각이었는데, 내가 잠깐 머리가 어떻게 됐나 봐! 혜민이는 바닥에 주저앉아 양손으로 얼굴을 감쌌다.

오후 수업 종소리가 울렸지만 혜민이는 교실로 돌아가지 않았다. 대신 3학년 건물 뒤편의 쓰레기 분리수거장으로 달려갔다. 청소 시간 전까지는 아무도 찾지 않는 조용한 곳이다.

분리수거장 섀시 기둥에 이마를 박고 선 채 혜민이는 머리와 팔뚝을 손톱으로 벅벅 긁으며 엉엉 울었다. 이제는 주워 담을 수가 없다. 경솔하고 충동적으로 굴어서 모든 걸 망쳐 버린 자신이 너무나 한심했다.

나 같은 애는 숨 쉴 자격도 없어. 이렇게 살아서 뭐해? 아아, 이 대로 도망쳐 버리고 싶다. 연기처럼 사라져 버리고 싶어. 혜민이는 자책하며 땅바닥에 철퍼덕 주저앉아 몸을 웅크리고 꺽꺽 울기 시작했다. 음식물 쓰레기통 주변을 날던 똥파리가 혜민이 주위를 앵앵거리며 맴돌고 있었다.

문 쌤의
마음 상담소

나를 향한
분노를 다스리는 법

지금까지 우리는 도대체 왜 화가 나는지, 어떻게 하면 분노를 다룰 수 있는지 하나씩 짚으면서 왔어요. 이번에 살펴보려고 하는 것은 아주 특별한 대상을 향한 분노예요.

우리를 화나게 만드는 이유는 참 많지요. 날씨도, 친구도, 가족도 다 한몫할 수 있어요. 화가 나서 싸우기까지 했는데, 시작이 무엇 때문이었는지 기억조차 안 날 때도 있어요. 그만큼 화날 일들이 널려 있기 때문이겠죠? 그런데 말이에요, 가장 나를 열받게 만드는 존재이자 가장 쉽게 화풀이 대상이 되는 존재가 여러분 가까이에 있다는 사실, 알고 있나요?

그 인간… 보기만 해도 짜증 나요. 성격부터 마음에 안 들고요. 뭘 한번 해 보려고 하면 "한다고 되겠어?" 하면서 뭉그적거리죠. 깜빡 잊어버리는 건 또 얼마나 잘하는지…. 변명은 또 기가 막히게 잘해요. 이런저런 결심은 곧잘 하는데, 의지박약인지 제대로 끝내는 게 없고요. 한마디로 무능하기 짝이 없어요. 사소한 일에 목숨 걸고 감정적으로 치닫는 꼴락서니 하며. 그러다가 정말 중요한 일에는 귀찮아하며 나 몰라라 하는 모습, 한심하기 짝이 없네요. 그 꼴 좀 안 볼 수 있다면 얼마나 좋을까? 그런데 어찌 된 노릇인지 내 곁을 한시도 떠나지 않아요. 초라하고 짜증 나는 모습들만 골라 보여 주는 그 인간.

맞습니다. '그 인간'은 바로 나 자신이에요. 속상하지만 인정할 수밖에 없어요. 꼭꼭 숨겨 놓아서 남들은 잘 모르는 나의 민낯, 보고 싶지 않은 나의 그늘 말이에요.

무능력한 나에게 화가 나요

여러분은 언제 자신에게 가장 화가 나나요? 아마도 자신의 무능력함을 마주하게 될 때 제일 화가 나지 않을까요? 내 옆에 있는 애들은 다들 쉽게 척척 해내는 것 같은데, 나는 왜 이것밖에 안 되지? 하는 자괴감이 올라오면 화도 함께 치밀어 오르죠. 공부도, 운동도, 심지어 게임 하나도 잘 못하는 나를 보면 짜증이 나고 화가 치밉니다. 사람이라면 잘하는 게 뭐 하나라도 있어야 하는 거 아닌가? 그럼 잘하는 게 없으니 나는 사람도 아닌 건가? 처참한 성적표를 마주할 때는 차라리 실컷 놀기라도 했으면 덜 억울하겠다 싶고요. 학원도 다니고 숙제도 하고, 시키는 대로 한다고 했는데 성적이 엉망이면 머리를 쥐어뜯고 싶어지죠. 휴대폰을 아주 잠깐 만지작거렸을 뿐인데 시간은 어느새 자정 넘어 새벽? '내 이럴 줄 알았다!' 이 말을 엄마나 아빠가 하면 맞받아치기라도 할 텐데, 내가 나한테 '내 이럴 줄 알았어, 내가 그렇지 뭐!'라고 말할 때에는 아픈 말이 칼이라도 된 것처럼 가슴에 와서 박힙니다.

무능력함은 공부나 다른 영역에서만 나타나는 게 아닙니다.

어쩌면 인간관계 안에서 제일 잘 드러날지도 몰라요. 혜민이가 어렵게 얻은 소중한 친구 윤조를 스스로 밀어내는 장면은 인간 관계 안에서 혜민이가 얼마나 헤매고 있는지를 제대로 보여 주 잖아요. 그게 혜민이만의 이야기일까요? 좋아하는 친구가 힘들어할 때 제대로 위로도 못 해 주고 쭈뼛거리다 돌아서는 나. 서먹한 친구들 사이에서 분위기 메이커가 되고 싶은데 썰렁한 농담만 날리다 찌그러지는 나. 분노를 건강하게 표현하고 싶지만, 현실에서는 끽소리도 못 하는 나. 인싸가 되고 싶은데 혼자 허우적대다가 끝나 버리는 나, 나, 나….

나에게 화를 내면 안 되나요?

이렇게 화날 이유로 가득 차 있는 게 나라면, 나한테 화를 낼 수도 있는 거 아닌가요? 뭐가 문제가 된다고 굳이 꼬집어서 이야기를 하는 건지, 궁금한 사람들이 있을 거예요. 그 이유는 간단해요. 화를 내는 것에는 꼭 '대가'가 따라오기 때문이에요.

화를 내면 누군가는, 무언가는 다치게 되어 있습니다. 열 받아서 필통을 집어던지면, 필통이 깨지고요. 홧김에 돌부리를 걷어차면 발가락을 다치겠죠. 그리고 바로 옆에 있는 친구에게 화를 내면 그 친구가 마음의 상처를 받을 거예요. 그런데 내가 나한테 화를 낸다면? 당연히 내가 다칩니다. 그리고 나는 나를 잘 알거든요. 제일 민감한 곳이 어딘지 잘 알기 때문에, 급소를 찔러서 치명상을 입힐 가능성이 높아요. 내가 가장 크게 다치게 할 수 있는 상대는 바로 나 자신입니다.

나 자신을 향한 분노를 잘 다루어야 하는 또 다른 이유는, 내가 나를 대하는 태도가 결국 다른 사람을 대하는 태도로 연결되기 때문이에요. 내가 나를 무시하고 함부로 대하면, 다른 사람들도 무시하고 함부로 대하기 쉬워요. 물론 이와 정반대의 현상도 나타날 수 있어요. 나를 가치 없게 생각하면서 다른 사람들 앞에서 굽실거리게 되는 식으로요. 내가 나를 싫어하면 다른 사람들도 나를 싫어할 거라고 생각하기 쉽고, 실제로는 나를 좋아하는 사람에게도 부정적인 감정을 드러내기 쉽습니다. 역시 정반대로, 나를 싫어하지 않게 하려고 있는 힘을 다해 상대방의 비위를 맞추려 들기도 해요.

앞에서 만난 혜민이의 마음이 어땠는지 좀 더 살펴보도록 해요. 혜민이가 이해되는 부분도 있어요. 자기하고만 친한 줄 알았던 친구가 다른 친구와 더 사이좋게 지내는 걸 알게 된다면 누구라도 기분이 좋을 리 없으니까요. 암튼 충분히 속상할 만한 상황이었지만, 혜민이는 자책골을 넣고 맙니다. 생각할 수 있는 가장 최악의 상황으로 몰고 가 버린 혜민이를 보면서 제일 안타까웠던 건, 자기가 '잘되는 꼴'을 못 보는 사람처럼 보여서예요. 이

건 자기 자신에게 툭하면 화를 내는 사람의 특성 중 하나이기도 합니다.

하나씩 살펴볼게요. 혜민이는 처음부터 끝까지 자기에게 화를 냈어요. 먼저는 자기 몸에 화를 냈지요. 손톱이 너덜너덜해질 때까지 물어뜯는 건 자신을 괴롭히는 일입니다. 그리고 스스로에게 인격 모독에 준하는 욕지거리를 퍼부었지요. "나 같은 애는 숨 쉴 자격도 없어. 이렇게 살아서 뭐해? 아아, 이대로 도망쳐 버리고 싶다. 연기처럼 사라져 버리고 싶어" 이런 소리들은 아무리 화가 나더라도 해서는 안 될 말이잖아요. 이런 말은 다른 사람에게 쏟아부을 때도 영원히 관계가 끊어질 걸 각오해야 할 만큼 수위가 높은 말들이고, 가능하면 여러분의 입에 담지 않았으면 좋겠다 싶은 발언이에요. 그런데 자기 자신한테 스스럼없이 이런 말을 퍼붓는다? 혜민이가 자신을 어떻게 생각하고 있는지 그대로 드러나는 장면이죠. 그만큼 혜민이가 자신을 소중히 여기지 않는다는 뜻이에요.

이뿐이 아니에요. 자기가 그렇게나 좋아한 윤조를 몰아붙여서 떠나가게 만든 걸 보면, 혜민이가 얼마나 모질게 구는지 똑똑히 알 수 있어요.

"어 선생님, 근데 베프 그만하자고 한 건 윤조잖아요."

맞아요, 이제 그만두자고 말한 건 윤조가 맞지요. 하지만 그런 식으로 몰아세우는데 견뎌 낼 수 있는 사람, 거의 없을 거예요.

만일 이게 다른 친구의 행동이었다면, 혜민이 역시 말렸을 것 같지 않나요? 혜민이의 모습은 단순하게 보면 사태 파악을 못 하는 것이지만, 더 깊은 혜민이의 속마음을 읽어 본다면 '나 같은 인간에게 윤조 같은 멋진 친구는 과분해. 나는 그냥 혼자 남는 편이 나아.' 이렇게 생각하는 뒷면이 보이기도 합니다.

혜민이같이 자신에게 자꾸 화를 내는 사람들의 결론은 이렇게 이어집니다. 분노의 원인 중 하나로 꼽았던 낮은 자존감, 기억하고 있지요? 낮은 자존감은 여러 이유에 의해 생길 수 있는데, 그중에서도 내가 나한테 내는 화는 자존감을 무너뜨리는 데 단연코 큰 역할을 합니다. 악순환의 시작인 셈이죠.

누가 내 옆에서 사사건건 구박하고 야단치면 기가 죽잖아요, 자신감도 떨어지고요. 그런데 그 사람이 다름 아닌 내 자신이라면요? 자리를 벗어나거나 도망칠 수도 없으니 '아, 난 역시 안 돼' 하는 반복 타격에 의한 자존감 박살 상태로 들어가게 됩니다. 어쩌면 다른 사람들보다 나 자신이 내 자존감 파괴에 결정적인 역할을 하기가 쉬워요. 옆에서 지켜볼 때 마음이 많이 아픈 연쇄 반응으로 이어집니다. 내 모습이 마음에 안 들어서 스스로에게 화를 낸다 → 가뜩이나 낮은 자존감이 더 뭉개진다 → 자존감이 떨어지니까 속상하고 화가 나는데 마땅히 어디 풀 데가 없으니 또 나에게 화를 낸다, 이렇게 말입니다.

화를 내는데 누구도 안 다치는 경우란 없어요. 조절되지 않는

209

분노는 그게 남을 향한 것이든 나를 향한 것이든 간에 치명적인 결과로 이어질 가능성이 높아요. 나를 향한 분노의 치명적인 결과는 우울증입니다. 우울증을 정신 분석적으로 설명할 때 "본래 다른 누군가를 향하고 있던 분노가 방향을 바꾸어 자신을 향하는 병적인 상태"라고 한답니다. 우울증은 단순히 뭔가 속상한 일이 생겼을 때 빠져드는 마음의 상태가 아니에요. 속상한 일이 있어서 마음이 아픈 건 슬픔이라고 하지요. 슬픔을 여러분이 자주 먹는 '계란'으로 본다면, 우울은 그 계란이 상한 상태라고 설명할 수 있어요. 계란은 계란인데 더 이상 먹을 수가 없는, 변질된 상태가 우울증이에요. 이렇듯 우울증은 병적인 상태로, 그저 많이 슬프다고 해서 나타나는 현상이 아닙니다.

혜민이도 처음부터 자기 자신한테 화난 건 아니었을 거예요. 어쩌면 혜민이는 윤조나 준희에게, 혹은 옆에서 쏙닥거리면서 사람 속을 뒤집어 놓은 소정이에게, 혹은 자기 맘을 전혀 몰라주는 엄마에게 분노했을지 몰라요. 그런데 이 사람들한테 이런 분노를 쉽게 꺼내 놓을 수가 없으니, 제일 만만한 대상인 자신에게 화를 터뜨려 버린 거죠. 쓰레기 분리수거장 바닥에 주저앉은 혜민이에게서 진한 우울증의 냄새가 느껴지지 않던가요?

나를 향한 분노를 다스리는 법

다른 사람에게 화내지 않는 것보다 더 어려운 게 나에게 화내지 않는 일일 거예요. 나 자신을 사랑해야 한다는 이야기, 수백 번도 넘게 들었죠? 정말 어려운 일이기 때문에 강조되는 이야기입니다. 누군가의 뒷면과 그늘을 속속들이 다 알면서, 있는 그대로 용납하고 사랑하는 건 쉬운 일이 아니지요. 아니, 사랑은 됐다 치고, 화를 안 내는 것조차 이렇게 어려워서야! 자기 자신에게 화가 잔뜩 난 사람들이 흔히 하는 말을 들어 볼까요?

"나는 내가 너무 싫어. 아무것도 없는 주제에 갖고 싶은 건 또 왜 그렇게 많은지. 내 힘으로 어떻게 할 수 없는 것 때문에도 화가 나. 돈도 없고, 외모도 그렇고, 내가 노력한다고 달라지는 게 아니잖아. 그렇다고 누굴 탓하겠어? 탓해도 달라질 게 없으니 나한테라도 화풀이를 하게 돼."

이런 말을 들을 때면 저는 화가 잔뜩 난 뱀이 떠오르더라고요. 뱀을 자극하면 달려들어 무는데, 주변에 물 만한 게 없으면 홧김에 자기 꼬리를 무는 경우가 있대요. 뱀은 자신의 독에 대해서는 면역력이 있기 때문에 별 문제가 없지만, 어떤 종류의 뱀은 이빨이 너무 커서 상처가 깊이 나기 때문에 죽을 수도 있다고 합니다. 나 자신에게 화를 내는 건 내 영혼에 깊은 이빨 자국을 내는 것과 같아요. 한 입 깨물면 벌겋게 된 혜민이 손가락같이 될 테고, 깊이 여러 번 깨물면 영혼을 갉아먹는 우울증에 빠질 수 있습니다.

"근데요 쌤, 내가 나에게 무조건 잘했다, 잘했다 하는 게 더 문제 아닐까요? 그리고 저는 적당히 제 자신에게 화를 내고 다그쳐야 움직일 때가 많아요."

맞아요, 틀린 이야기는 아니에요. 무조건 오냐오냐 하면서 자신을 받아 주다 보면 천하에 버릇없는 사람이 될 가능성이 있지요. 내가 지금의 내 모습에 전혀 불만이 없다면 지금보다 발전할 가능성도 높지 않을 거고요. 무언가 잘못했을 때는 스스로에게 실망도 하고 자신에게 화도 내야 문제가 해결될 수 있어요. 이런 건 분노의 순기능이라고 볼 수 있지요. 예를 들어 가족들과 다투다가 홧김에 심한 말을 했어요. 시간이 흐르고 뻗치던 열이 가라앉은 뒤, 마음속 깊은 곳으로 후회와 함께 조용한 깨달음의 물결이 밀려오네요. 함부로 행동해 가족에게 상처를 준 자신한테 화가 나고요. 이 화가 제대로 작용하면, 가족들과 다툴 때 이전처럼 함부로 말을 뱉지는 않게 될 거예요. 다음에 욱 하면서 화나는 순간에도, 이전에 뼈저리게 후회했던 기억이 떠오르면서 한소끔 참고 넘어갈 수 있게 되는 건 다름 아닌 나 자신을 향한 분노의 열매입니다.

하지만 뭐든 적당해야 좋은 것이죠. '화'보다 중요한 건 '적당한' 화랍니다. 소금을 한 톨도 넣지 않은 계란 프라이는 밍밍해서

먹을 맛이 안 나겠지만, 소금을 몽땅 쏟았다면? 그 계란은 쓰레기통으로 직행하게 될 거예요. 나를 향한 분노도 마찬가지입니다. 나 자신에게 전혀 화를 내지 않는 것도 문제이고, 지나치게 화를 내는 것도 문제가 되지요.

그러면 나를 향한 분노, 어떻게 조절해야 할까요?

우리는
이 세상에 둘도 없는 존재예요

자존감을 지키는 첫 단추는 내가 세상에 딱 하나뿐인 존재라는 인식에서 시작해요. 맞아요. 마음에 들지 않는 면이 아무리 많아도, 세상에 나는 단 한 명뿐이라는 사실은 달라지지 않아요. 희소성이 높으면 가치가 올라간다는 이야기 들어 보셨죠? 그건 나에게도 적용이 된답니다.

다른 어느 누구와도 바꿀 수 없는 희소성과 독특성은 여러분이 갖고 있는 귀한 자산이에요. 내가 하는 생각, 내가 하는 노래, 내가 만나는 사람들과 엮어 가는 나의 삶… 전부 단 하나뿐이거든요. 그만큼 나는 귀한 존재입니다. 비록 다른 사람들 눈에는 그렇게 보이지 않아도, 심지어 내 눈에조차 그렇게 보이지 않을지 몰라도 나는 사랑받기 위해 태어난 사람이자 아주 특별한 존재라는 건 누구도 부정할 수 없는 사실입니다.

하나밖에 없는 소중한 것이라면 함부로 다루어서는 안 되죠. 하나밖에 없는 스페셜 에디션 볼펜, 하나밖에 없는 내 친구, 하나밖에 없는 내 동생…. 그 외에도 내가 애지중지하는 것들을 떠올려 보세요. 그 모든 것의 가치를 다 합한 것보다도 큰 게 나 자신이에요.

"쌤이 모르셔서 그래요. 제 진짜 모습을 보시면 그런 이야기 못 하실 거예요."

흠, 그렇게 말하는 마음도 이해가 가요. 동시에 '그래도 나 소중한 거 맞죠? 그저 듣기 좋으라고 하시는 말씀 아니죠?' 하는 마음속 소리도 들리는 것 같아요. 그런 친구들이라면, 『미운 오리 새끼』라는 동화를 떠올려 보세요. 오리 새끼는 자신이 백조라는 사실을 빨리 깨달을 수도 있고 아주 늦게 깨달을 수도 있어요. 하지만 늦게 깨닫는다고 해서 백조가 아닌 건 아니잖아요. 그리고 오리도요. 백조가 아름다운 건 사실이지만, 오리라고 해서 아름답지 않다 할 수 있나요? 나 역시 마찬가지예요. 세상에서 이야기하는 기준을 놓고 볼 땐 한참 멀어 보일지 모르지만, 내 삶을 완성하기 위해 나는 오늘도 열심히 움직이고 있거든요. 그러니 무엇과도 바꿀 수 없는 나의 가치를 내가 먼저 받아들이고 인정하기로 마음먹는다면 좋겠습니다.

우리에게는 위로가 필요해요

이건 사실이에요. 누구나 고독한 인생길을 힘겹게 걸어가는 존재들이잖아요. 속 터지게 답답한 짓을 해서 화가 나고, 마음에 안 들어 짜증이 날 때 잠깐만이라도 자신의 뒷면을 읽어 줄 수 있으면 좋겠어요. 마치 내가 주인공인 영화를 관객석에서 바라보듯, 나를 한번 객관적으로 바라보자는 얘기입니다.

저기, 어깨가 축 처진 사람 보이나요? 힘이 다 빠진 채 풀이 죽어 있는 모습이네요. 잘하려고 했는데, 자꾸 꼬이고 엎어지고 하다 보니 이제는 다시 일어설 힘도 없어 보여요. 그 사람이 자꾸 실수하는 것, 알고 보니 다 이유가 있었네요. 처음부터 잘 못하고 싶었던 건 당연히 아니죠. 저것 보세요. 외롭고 지쳐서 금방이라도 눈물을 흘릴 것 같군요. 아닌 척하고 있지만 실은 누군가 위로해 주고 보듬어 주기를 기대하고 있어요. 그리고 줌-인. 점점 확대되는 얼굴을 보니까, 내가 다 얼굴이 붉어지네요. 맞아요, 그 사람은 바로 나였어요. 우울하고 지친 나는 위로가 필요하지요. 좋은 일이 생기면 가까운 사람에게 받는 축하가 기다려지고, 마음이 아플 때면 나에게 특별한 의미가 있는 사람과 아픔을 나누고 싶잖아요. 우울하고 힘든데 아무도 나를 위로해 주지 않는다면, 나라도 나 자신의 어깨를 토닥여 주어야 해요. 심지어 주변이 나를 위로해 주는 사람으로 가득하다 하더라도, 다른 사람들의 격려보다 중요한 건 내가 나를 위로하는 것입니다. 나 자신이 스스로에게 해 주는 위로와 격려는 적절하기만 하다면 어마어마한 위력을 발휘한답니다.

친구한테도 그렇게 하나요?

마음에 안 드는 자신의 모습에 잔뜩 화가 나고, 내가 너무 꼴사나워서 도저히 못 견딜 것 같을 때 나에게 버럭 신경질을 내거나 나를 가치 없는 존재로 대하는 건 아주 쉬운 선택이에요.

그런데 만약 친구가 나와 같은 실수를 저질러서 모두 함께 피해를 보는 상황이 되었다면 어떻게 할 건가요? 예를 들어 축구 경기의 승부차기 상황에서 내가 헛발질을 했다면? "아, 세상 이런 삐리리가 어디 있어??" 하면서 마구 씩씩거리겠죠. 그런데 이번에는 헛발질의 주인공이 내가 아니라 정말 사랑하는 내 친구라면요? 속으로는 부글부글할지라도 최소한 겉으로는 "일부러 그런 게 아니잖아. 속상하지만 어쩌겠어" 이렇게 말하면서 어깨를 두드려 주겠죠. 심지어 성난 팬들이 야유를 퍼붓고 난동이라도 부릴라 치면 친구가 다치지 않게 지켜 주고 싶을 겁니다. 이렇게 생각해 보면 우리는 자기 자신에겐 너무 가혹합니다.

진료실에서 만났던 어떤 분이, 세상 착하고 부드럽고 여린 모습으로 가슴 아픈 이야기를 하시다가, 자기에 대한 이야기를 할 때면 화가 잔뜩 난 얼굴로 "아니 그런 XXX 같은!!"이라고 하셔서 깜짝 놀랐던 기억이 나네요. 그분에게 여쭤봤어요. 방금 자기 자신에게 XXX라고 하신 거 맞냐고요. 그랬더니 그분도 놀라더라고요. "제가 그렇게 말했어요?" 그때를 놓치지 않고 말씀드렸답니다. "친구분에게 XXX라고 한 적 있으세요?" 한참 조용히 생각을 하다가 그분이 말씀하셨죠. "아니요, 그런 말은 다른 사람들에게 하면 안 되니까요."

이게 여러분에게도 하고 싶은 이야기입니다. 나한테 화가 난 그 순간에는 바로 떠올리기 어렵겠지만, '다른 사람에게도 나한테 한 것처럼 말하고 행동할 수 있나?'라는 질문을 떠올리는 습관을 조금씩이라도 들여 보세요.

자신한테 화를 내서 정말 달라지는 게 있나요?

이건 다른 사람에게 화가 나는 경우에도 동일하게 던져 볼 수 있는 질문이에요. 왜냐하면 화를 내는 건 에너지를 엄청나게 소모하는 일이거든요. 온몸과 마음을 화내는 데 불쏘시개로 사용하게 되니까요. 그런데 그렇게 에너지를 썼으면 뭔가 건지는 게 있어야죠. 화를 내서 무언가 얻는 게 있는지를 말하는 겁니다. 아까 잠깐 나왔던 이야기인데요. "저는 적당히 제 자신에게 화를 내고 다그쳐야 움직일 때가 많아요"라고 했나요?

엄마 아빠나 선생님이 화를 내야 움직이는 사람들이 있지요. "네 방 청소 좀 해!" 하면 건성으로 듣고, 얼버무리고 딴짓을 하다가 "너 정말 청소 안 할 거야? 방이 그게 뭐야? 돼지우리야?" 하면서 심하게 화를 내야 "아 알았다고, 지금 치우잖아!" 하는 식으로 말이에요. 나 자신을 향한 화도 비슷해요. 화를 내는 강도가 크면 클수록 내 마음은 그만큼 상처를 받게 됩니다.

여기에서 잠깐, 자해에 대한 이야기를 짚고 넘어가야 하겠네요. 자해에는 다른 사람을 향한 분노가 자신을 향하면서 우울증이 되었던 것과 비슷한 원리가 적용된다고 생각해요. 마음이 너무 괴롭고 힘들어서 달리 가라앉힐 방법을 찾을 수 없을 때 자해를 하는 사람이 있죠. 화가 나는데 풀 곳이 없으니까 자해를 하는 사람도 있고요. 그런데요, 앞에서 던졌던 질문처럼 "그렇게 해서 달라지는 게 있나요?" 자해를 하는 사람들은 "이렇게 해야 마음이 안정돼요!" 같은 답변을 할지도 모르겠네요. 그렇지만 그건 궁극적인 안정이나 실제 해결과는 거리가 멀어요. 꽝꽝 얼어붙은 발에 소변을 본다는 속담이 있죠. 당장은 발이 뜨뜻해지니까 잘한 일일까요? 아니죠! 오히려 문제는 더 심각해집니다. 그러니 습관대로 나 자신에게 불끈 화를 터뜨리기 전에, 잠시 생각해 보세요. 나한테 이렇게 지금처럼 화를 낸다고 해서 달라질게 있는지. 수행 평가 준비를 안 했던 나를 다그쳐서 미리미리 준비를 한다면 그런 화는 내도 괜찮아요. 그런데 똑같은 상황에서 화를 내고, 화풀이로 에이 잠이나 자 버릴란다! 할 것 같으면 그런 화를 내는 게 맞을까요? 곰곰이 생각해 보면 좋겠어요.

은찬 이야기

나는 매일
분노의 지뢰밭에서 살아

금요일은 아버지의 정기 음주 요일 중 하나다. 은찬이는 중소기업의 영업부장인 아버지가 오늘 밤 거래처 간부와 술을 먹는다는 소식을 어머니에게 듣고 저녁때부터 가슴이 조여 왔다. 아버지는 술만 마시면 가족들을 오밤중에 깨워 거실에 무릎 꿇려 놓고 온갖 것을 트집 잡는다. 금요일 폭음 후에는 그 정도가 다섯 배 이상이다.

물건이 부서진다거나 누가 얻어맞는다거나 하는 불상사는 없다. 배설물처럼 쏟아내는 욕설은, 그래, 그 정도는 들어 줄 수 있다. 귀청이 터질 듯한 고함, 꾹 참고 넘기면 된다. 그러나 듣는 사람을 비참하게 만드는 잔인한 폭언은 정말 견디기 어렵다.

어머니나 누나는 아버지가 저러는 게 하루 이틀 일도 아니니 한 귀로 듣고 한 귀로 흘리라고 하지만 은찬이는 그게 쉽지 않다. 아무리 주사일지언정 아버지가 쏘아 대는 폭언의 따발총 세례를 당하면 은찬의 마음은 너덜너덜해지고 만다. 아버지는 유독 은찬에게 더 세게 역정을 쏟아붓는다.

"이 집안 가장이 왔는데 처자식이라는 것들이 뭐 하는 거야! 당장 기어 나오지 못해?"

아버지가 현관을 발로 빵 차고 문을 열어젖힌 뒤 고래고래 소리를 질렀다.

"드으럽고 치사한 ㅆ노무 세상! 지들 회사가 갑이지 지들이 갑이야? 내가 지들 똥구멍 핥아 주는 개ㅅㄲ냐고! ㅆㅂ 썩어빠진 ㅅㄲ들!"

아버지가 육두문자를 날리며 현관에서부터 구두를 뻥뻥 차고 가방을 패대기치며 들어오는 사이 어머니와 누나, 은찬이는 거실로 나와 각자의 지정석에 얌전히 앉았다.

"니들은 참 팔자 좋구나! 애비는 술집 뒷골목에서 온갖 치사한 아부 떨면서 굽신대는데 방구석에 디비져서 지 먹고 싶은 거, 지 하고 싶은 거 다 하고 아주 살판났네, 살판났어! 가장이 눈, 비, 우박 다 막아 주니까 사는 게 동화 같지? 근데, 에이 ㅆㅂ, 집구석이 왜 이렇게 더워! 보일러 벌써 켰어? 씨! 땅을 파면 가스비가 나오냐고! 이 정신머리 썩은 것들아!"

뻔한 급발진 레퍼토리에 누나가 미간을 찌푸리고 입술을 삐쭉 내밀었다. 어머니는 무미건조한 얼굴로 TV 옆 셋톱박스만 쳐다보았다.

"야! 이 집 가장이 말하고 있는데 어딜 봐? 가장 말이 개 똥구멍 같냐?"

은찬이는 움찔하며 아버지를 쳐다보았다. 아버지의 총구가 은찬을 겨냥하고 있었다. 곧 방아쇠가 당겨졌다.

"권은찬! 너 엄마한테 셰프 되겠다고 요리 고등학교 보내 달랬다며? 셰프? 셰프는 개뿔! TV가 어린애들 헛바람 넣어 앞길 다 망친다니까! 너 공부하기 싫어 꼼수 부리는 거 내가 모를 줄 알아? 학생이 공부 열심히 해서 좋은 대학 들어가 번듯한 직업을 가질 생각을 해야지, 하겠다는 일이 고작 식당 주방장? 아오, 사내 ㅅㄲ 포부가 개미 콧구멍만 해 가지고!"

아버지가 아주 잠깐 침을 삼키는 틈을 타 은찬이 끼어들었다.

"아버지, 저도….."

어디서 그런 용기가 생겼는지 모르겠다. 아버지 뜻대로 꼼짝없이 인문계 고등학교에서 금쪽 같은 시간을 허비할 것 같아 두려웠다. 은찬이는 사르르 아파 오는 아랫배를 주먹으로 꾹 눌렀다.

"많이 알아봤고 생각도 많이 했어요. 요리 고등학교 전망 좋아요, 아버지. 나중에 대학도 갈 수 있고 원하면 해외 유학도….."

"아버지 말씀하시는데 누가 버릇없이 말을 끊어? 어?"

아버지가 뻭 소리를 질렀다. 맞은편에 앉은 누나가 하지 말라고 입 모양으로 사인을 보냈지만, 은찬이는 미친 척하고 끝까지 가 보기로 했다.

"아버지, 제가 좋아하고 잘하는 일은 공부가 아니라….."

"이 ㅅㄲ가 아버지한테 고개 뻣뻣이 쳐들고 바락바락 말대답이네?"

은찬이의 등골에 식은땀이 흘렀다. 아버지의 한마디에 입술이 딱 붙어 말이 더 나오지 않았다.

"죄송합니다."

"야, 이 ㅅㄲ야! 내가 널 15년을 키웠는데 널 모르냐? 요리? 하! 조리사 자격증을 딸 수는 있고? 책상에 30분도 못 앉아 있는 의지박약이 뭘 하겠다고! 애초에 니가 뭘 할 의지가 있는 놈이면 벌써 성적으로 증명하고도 남았지. 밥통아! 학생은 성적으로 보여 주는 거야! 알아? 너 요리고 소리 한 번만 더 하면 그날로 용돈 딱 끊길 줄 알아! 어휴! 대갈통에 설사 똥만 잔뜩 든 저런 걸 아들이라고…."

아버지의 마지막 한마디에 은찬이는 전의를 상실했다. 차오르는 눈물을 참으려고 있는 힘껏 오금 살을 꼬집었다.

아버지는 울컥 토악질이 올라오는지 입을 우물거리다가 화장실로 비틀비틀 달려갔다. 마침내 오늘의 포화가 그쳤다. 어머니가 손짓으로 누나와 은찬이를 방으로 들어가라고 지시했다. 오늘도 아버지의 욕받이가 된 은찬이는 억울하고 분한 심정을 홀로 힘겹게 다독이며 뜬눈으로 밤을 지새웠다.

이튿날 오전, 느지막이 잠에서 깬 아버지가 식탁에서 아침을 먹고 있었다.

어머니가 컵에 물을 따라서 식탁에 놓으며 말했다.

"오늘 저녁에 서방님 늦둥이 백일잔치인 거 알지?"

"아…. 그게 오늘인가? 어디서 한댔지?"

아버지는 목이 칼칼한지 잔기침을 연달아 했다.

"식당에서 안 하고 가족끼리 집에서 한다고 여러 번 말했잖아. 이따 시간 맞춰 온수동 집으로 가면 돼. 운전할 수 있겠어?"

"하지 그럼. 술 다 깼어."

주방에는 다시 침묵이 찾아왔고, 아버지가 후루룩 국물을 들이켜는 소리만 울렸다.

은찬이는 더 이상 참을 수가 없었다. 조금만 허리를 틀어도 설사가 터져 나올 것 같았다. 아침에 볼일을 잘 보았는데 몇 시간 지나지 않아 배탈이 나고 말았다. 이런 증세가 생긴 지 꽤 오래되었다. 어젯밤처럼 스트레스를 받으면 꼭 복통과 함께 탈이 났다. 은찬이는 아버지가 주방에 나와 해장국을 먹기 시작한 그 시각부터 꼼짝없이 방에 갇혀 설사를 참았다. 아버지 눈에 띄고 싶지 않았다. 그러나 더는 견디지 못할 지경에 이르렀다. 은찬이는 방에서 뛰쳐나와 화장실로 냅다 달렸다. 그때 아버지가 은찬이를 불러 세웠다.

"야! 너 왜 맨발이야? 지금 나한테 반항하냐?"

"아버지, 지금 제가…."

은찬이는 아랫배를 쥐고 다리를 꼬았다.

"집에서 맨발로 다니지 말라고 내가 몇 번을 말했어, 어? 아버지 말이 그렇게 우스워?"

아버지는 집 안에서도 잘 때 말고는 반드시 양말을 신어야 한다는 자신만의 룰을 온 가족에게 강요했다. 한여름에도 예외가 없었다. 그래서 식구들은 양말을 벗고 있다가도 아버지가 들어오면 부리나케 양말을 챙겨 신었다. 아버지가 이런 룰을 모두에게 억지로 강요하는 이유에 대해 누나는 그런 걸로라도 우리를 통제하고 싶은 존경받지 못하는 가부장의 열등감이라며 이해할 수 없는 분석을 늘어놓았다.

은찬이는 등 뒤로 쏟아지는 아버지의 불호령을 고스란히 맞으며 방으로 되돌아가야 했다. 엉금엉금 기어서 양말을 찾아 신고 나온 다음에야 화장실 입장이 허락되었다. 일촉즉발의 순간이었다.

"어우, 저 한심한 ㅅㄲ. 아들이라고 달랑 하나 있는 게 저 모양이니…"

아버지의 한숨 섞인 넋두리가 은찬이의 등에 비수처럼 꽂혔다.

은찬이는 온몸의 진이 다 빠진 채 화장실에 앉아 생각했다.

'아버지는 왜 나한테 유독 화를 더 낼까? 내가 그렇게 만만한가? 내가 정말 그 정도로 형편없고 우스운가?'

아버지와 절대 이길 수 없는 힘겨루기를 할 때마다 은찬이는 점점 더 무기력해졌다. 언제까지 이런 전쟁을 되풀이해야 하나? 막

막했다. 이런 집구석, 아니 아버지의 눈길로부터 당장 탈출하고 싶지만 현재 은찬이에겐 방법이 없다. 나중에 지방 대학교 기숙사로 잠적해 버리거나 조리사 자격증을 따서 먼 지방의 식당에 취업해 독립하는 것밖에는 탈출구가 없다.

'하지만… 아버지 말대로 내가 대갈통에 설사 똥만 가득 차서 이러는 거면 어떡하지? 집을 떠나고 싶어서 헛된 망상을 붙잡고 설치는 거면? 하아, 이젠 내가 뭘 좋아하고 뭘 잘하는지도 모르겠어.'

매일 아버지에게 욕먹고 혼나다 보니 은찬이는 자신 있는 일이 하나도 없고 작은 일에 도전하려 해도 겁부터 났다. 아버지는 그런 은찬이를 못마땅하게 여겼다.

"어린 ㅅㄲ가 맥아리도 없고, 패기도 없고…. 너는 대체 뭐가 되려고 그 모양이냐? 내가 진짜 너만 생각하면 답이 안 나온다, 답이!"

이런 말을 들을 때마다 은찬이는 그나마 남아 있던 자신감마저 뚝 떨어졌다. 미래에 대한 그림도 잘 그려지지 않았다.

오후 늦게 집에서 출발할 무렵 또 한 차례 폭탄이 떨어졌다. 고 2인 누나가 기말고사를 앞둔 예비 수험생이 조카 백일잔치까지 참석해야 하냐며 항변한 것이다. 누나는 아버지의 고함 세례를 끝까지 버텨 내더니, 마침내 집에 남아 공부하라는 허락을 따내었다.

은찬이는 화가 머리끝까지 풀 충전된 아버지와, 남편과 딸의 실랑이 때문에 몹시 피곤해진 어머니 뒤를 조용히 따라나섰다. 또 배가 사르르 아프기 시작했다.

온수동 작은아버지 집 거실에는 아기자기하고 화사하게 파티룸이 꾸며져 있었다. 고모네 식구들은 일찍 도착해 담소를 나누고 있었다.

작은아버지가 은찬이의 등을 친근하게 툭 치며 "우리 은찬이 그새 키도 크고 더 멋있어졌네. 여친 생겼냐?" 하고 다정하게 근황을 물었다. 작은아버지는 은찬의 아버지와 겨우 세 살 차이지만 외모도 젊어 보이고 말이 잘 통해서 큰형처럼 느껴진다. 그래서 은찬이는 작은집에 놀러 올 때마다 참 좋았다. 집보다 훨씬 편하고 포근하게 환대받는 느낌이 들어서였다.

대기업의 부장인 작은아버지는 은찬의 아버지보다 몇 년 일찍 결혼해서 두 딸을 먼저 두었다. 작은집 누나들은 지금 둘 다 명문대에 재학 중이다. 그런데 올해 생각도 못 한 늦둥이 아들이 태어나는 바람에 안 그래도 싱글벙글인 가족들이 더더욱 웃음꽃이 피었다. 은찬이는 화목하고 행복해 보이는 작은집 식구들이 너무 부러웠다.

백일 축하 식순을 화기애애하게 마치고 식사 시간이 되었다. 주방에서 기다리던 출장 케이터링 업체 직원이 거실에 뷔페 음식을 세팅하기 시작했다. 그 모습을 본 아버지 얼굴에 순간 못마땅한 표정이 스쳐 갔다. 이를 포착한 은찬이의 심장이 저 아래로 쿵 떨어졌다. 불안이 스멀스멀 기어 올라왔다. 저 시그널이 나타난 이후 약 15분 이내에 아버지의 화는 반드시 폭발한다. 이는 작은집 식구도 고모네 식구도 간파하고 있는 사실이다. 아버지는 남매들 사이에서도 버럭 형님으로 불린다.

눈치 빠른 작은아버지가 다가와서 짐짓 싱글거리며 아버지에게 해명했다.

"은형 엄마가 음식 준비할 여력이 없어서 케이터링 업체를 불렀어."

아버지가 이마를 찡그리고 "아무리 그래도 집에서 잔치를 하는데 성의도 없이…" 하며 불만의 멘트를 시작하려는 것을 어머니가 급히 자르며 "아유, 당연하죠! 갓난쟁이 둔 엄마가 잔치 음식까지 어떻게 신경 써요? 잘하셨어요, 서방님!" 하며 불의의 사태를 예방했다.

식사 중에 사촌 누나들의 대학 생활 이야기가 화제로 떠올랐다. 큰누나는 지난 학기에 워킹 홀리데이를 다녀왔고, 작은누나는 과 대표를 맡아 엄청 바쁘다고 했다. 큰누나의 새 남자친구가 같은 학교 의대생이라는 말을 듣고 고모가 오디션 프로처럼 꼬치꼬치 신상 조사를 해서 한바탕 웃기도 했다. 은찬이는 슬쩍 아버지의 표정을 살폈다. 예상대로 심사가 뒤틀린 얼굴이었다. 은찬이의 아랫배가 찌르르 신호를 보내 왔다.

"아유, 우리 은솔이 공부하느라 못 왔나 봐요. 고2면 이제부터 시작인데 얼마나 힘들까!"

작은어머니가 누나 이야기를 챙겨 묻자 아버지가 미간을 찌푸렸다. 출발 직전의 실랑이가 떠오른 모양이었다. 작은어머니가 재빨리 화제를 은찬이에게로 돌렸다.

"은찬아, 너 지금 중3이지? 너는 커서 무슨 일 하고 싶어?"

"네? … 아, 어, 저기, … 아니요. 아직."

은찬이는 아버지의 눈치를 보았다. 배가 요동치듯 부글거렸다.

"아직 고민 중이구나? 그래, 네 나이 때는 자기가 뭘 좋아하고 뭘 잘하는지를 찾아가는 시기니까 서두르지 말고 신중하게 생각하는 게 좋지. 그럼 은찬이는 뭘 제일 잘해?"

"저는…."

아버지의 숨소리가 미세하게 거칠어졌다. 은찬이가 여기서 요리라는 단어를 꺼낸다면 아버지는 절대 참지 않을 것이다. 마치 누가 굵은 송곳으로 쿡쿡 찌르는 것처럼 배가 아팠다. 금방이라도 저 아래 문이 왈칵 열릴 것 같다. 극한의 상황에 이르자 은찬이는 자리에서 벌떡 일어났다.

"죄송해요. 저 화장실 좀…. 아침부터 배탈이 나서 설…."

"야!!!!!"

마침내 아버지의 고함이 터지고 말았다. 아버지는 거실이 떠나가라 고래고래 소리를 질렀다.

"ㅅㅂ놈이 밥상머리에서 더럽게 뭔 소릴 하는 거야? 아버지가 너 그렇게 가르쳤어? 어?"

백일이 된 은규가 놀라 울기 시작했다. 은찬이는 그 자리에 얼어붙었다. 몸이 마비된 것처럼 움직여지지 않았다. 아버지가 은찬이를 쥐 잡듯이 잡는 동안, 친척들은 측은한 눈길로 은찬이를 바라볼 뿐이었다. 이 태풍이 어서 지나가기만을 바라면서 그들은 한숨을 깊이 내쉬었다.

이번에 살펴보려고 하는 건, 막무가내로 분노의 불을 뿜는 사람 옆에 있다가 불세례를 뒤집어쓰는 사람들의 이야기예요. '분노의 희생자'라고 할 수 있겠죠.

은찬이를 보면서 저는 너무 안타깝고 마음이 아팠어요. 분노의 희생자이자, 감정의 쓰레기통 노릇을 하고 있는 모습 때문에요. 최대한 아버지 편에서 이해하려고 노력을 해 봐도, 심지어 은찬이에게 혼날 거리가 넘쳐난다 하더라도, 심하단 생각이 드네요. 트집과 화의 불화살들이 연달아 날아오는데 능숙하게 다 피할 수 있는 사람? 없죠! 온몸에 불화살이 다 박혔는데도 끄떡 않을 사람? 역시, 없죠! 누가 뭐래도 은찬이에겐 하나뿐인 아버지인데, 험한 세파와 치명적인 공격들을 막아 주는 분이면 얼마나 좋겠어요. 그런데 공격을 막아 주기는커녕, 도리어 제일 가까이에서 은찬이의 급소를 찔러 치명상을 입히네요. 마음이 너덜너덜해졌을 은찬이의 이야기에 저까지 속상하고 언짢은 기분이 듭니다.

은찬이의 상황이 딴 세상 이야기처럼 들리는 사람이 있다면 다행이에요. 그런데 내 이야기 같다면, 이 상황에 잘 견디는 법을 배우는 기회가 되면 좋겠습니다. 견딘다고 해서 반드시 씩씩하게 승리하자는 건 아니고요. 최소한 잘 버텨서 살아남자는 것으로 받아들이면 좋겠습니다.

분노의 쓰레기통이
되는 사람들

누군가 나에게 화를 낼 때, 그것도 아주 상습적으로 화를 낼 때 내 마음에서 벌어지는 일들을 설명해 볼게요. 제일 먼저 경험하는 건 깊은 '무기력감'입니다. 나를 지켜 주고 격려해 주어야 할 사람들, 나에게 중요한 사람이자 나보다 높은 위치에 있는 사람들이 오히려 나에게 화를 퍼붓는 경우들이 있어요. 그렇다면 대체 누구를 믿을 수 있겠어요? 감정의 쓰레기통 역할을 오래 한 사람들은, 세상이 안전하지 않다는 생각을 하게 됩니다. 이런 시간이 길어지면 나 자신에 대한 확신도 사라지겠죠. 아주 사소한 일에 대해서도 내가 판단을 잘했는지 의심하며 헷갈리게 되지요.

그다음으로 찾아오는 건 '분노'입니다. 복수가 복수를 낳듯, 분노는 분노를 낳아요. 비록 그 앞에서는 무서워서 찍소리 못 한다 하더라도, 언젠가 어딘가를 향해 무섭게 터질 분노를 속으로 품게 되지요.

때로는 자신에게 화를 내는 사람을 이해해 보려고, 자기 스스로를 비난하는 선택을 하기도 해요. 은찬이가 '내가 형편없고 우스워서' 아버지가 그렇게 화를 내는 거라고 생각하는 것처럼요. 여기서 한 발짝 더 나가면, 신체적 폭력 앞에서도 '내가 맞을 짓을 했으니 맞아도 싸다'고까지 생각할 수도 있어요.

제일 안타까운 결론은 '자기감(sense of self)의 손상'입니다. 이 건 내 자신이 망가져 버렸다는 생각, 껍질만 남고 알맹이는 텅 비 어 버렸다는 생각이라고 할 수 있어요. 자기 자신이 없어져 버린 거나 마찬가지이다 보니, 누군가를 믿는다거나 다른 사람들과 친밀하고 다정하게 지낸다는 게 불가능하게 느껴져요. 아주 조 금 남아 있는 내가 있다면, 그마저도 잃지 않기 위해 마음의 문 을 굳게 닫아걸게 되고요. 그 잠긴 문 안에서 반복적으로 상처 를 경험해요. 분명 내 삶에도 좋은 장면들이 있었을 텐데, 그건 다 제쳐놓고 상대방이 나에게 분노의 불화살을 쏘아 대는 그 장 면만 끊임없이 머릿속으로 재생하면서 고통스러워하는 거죠.

"쌤 말씀은 제가 분노의 희생자라는 거잖아요. 저도 다 알고 있다고요. 그런데 제가 뭘 할 수 있겠어요? 날이면 날마다 화만 내는 그 사람에게 이 책을 들이민다고 그 사람이 보겠어요? 읽 는다고 한들 달라질까요?"

마음 아프지만, 동의가 되는 이야기이기도 해요. 병원에서 상 담을 하다 보면 '정말 아픈' 사람들은 병원에 안 오고, '아픈 사람 옆에 있던 사람들'이 병원에 오는 걸 볼 때가 많아요. 은찬이네 같은 경우에도, 정말 치료가 필요한 건 아버지라는 생각이 들거 든요. 아버지는 분노 조절이 잘 안 될 뿐더러 심각한 열등감에 시 달리고 있을 가능성이 커 보여요. 음주량도 저 정도면 문제가 있어 보이고요. 뭔가 고장나고 잘못된 사람들이야말로 치료가 필요한데, 그 사람들 옆에 있는 착한 사람들이 아파서 오는 경우가 더 흔해요. 그럴 때 저는 이렇게 설명해요.

"초록 신호등에 길을 건너다가 차에 부딪혔다면 내가 잘못한 게 아니죠. 그렇지만 잘못한 사람이 벌을 받는 건 나중 이야기이고, 다쳤다면 치료부터 받아야 해요."

그래서 이 장의 제목은 '분노의 화살을 쏘지 못하도록, 활을 망가뜨리는 필살기'가 아니고요, '분노의 독화살, 맞고도 살아남는 법'이랍니다.

살아남아요, 우리!

누군가의 분노의 대상이 된다는 건 정말이지 너무 힘들고 지치는 일이지요. 그 기간이 길어지면 나가떨어져서 축 늘어져 있는 모습이 당연한 것처럼 느껴지게 됩니다. 그렇지만 그대로 내버려 두어서는 안 돼요. 내가 내 마음을 추스르고 달래 주지 않으면 세상의 어느 누구도 나를 일으켜 줄 수 없답니다. 그러니 아프고 마음이 무너질 듯 힘들다 해도, 내 마음을 지키고 일으켜 세우는 일만큼은 포기하지 않았으면 해요.

마음을 지킬 때 제일 우선해야 할 목표는 '생존'입니다. 다른 걸 아무리 다 잘해 낸다고 해도 살아남지 못하면 아무 소용이 없거든요. 멋진 이야기와 이론들을 몽땅 끌어다 붙인다고 해도 다 쓸데없지요. 생존은 문자 그대로 '나'라는 사람이 살아남는 것부터 시작입니다. 만약 신체적인 폭력이 휘둘러지는 상황이라면 더 그렇지요. 그러나 몸뿐 아니라 마음이 다치는 것에 대해서도 결코 간과해서는 안 됩니다. 마음을 다쳤을 때도 생명이 위태로워지는 일들이 일어날 수 있거든요. 그래서 생존이란 단어는 단순히 몸만 살아남는 데 그치지 않고 내 마음이, 내 정신이, 내 영혼이 살아남는다는 의미로까지 확대할 수 있어요.

필살기 – 삼십육계 줄행랑

불화살이 날아드는 전쟁터에서 나의 마음을 지키기 위해, 꼭 기억해야 할 것이 있으니 이름하여 줄행랑 비법입니다. 조금 더 우아하게 표현하면 '거리 두기'입니다.

거리 두기는 생존 기술의 핵심이죠. 지금부터 나에게 정신없이 분노의 따발총을 쏘아 대는 사람으로부터 최대한 거리를 두는 방법을 소개할게요.

물리적인 거리 두기

때로는 물리적인 거리가 필요할 수도 있어요. 상대방이 내가 감당할 수 없을 만큼 화를 내면 일단 그 자리를 뜨는 게 나아요. 그냥 자리를 뜨면 자신을 무시한다고 오해해서 화를 퍼부을 가능성도 있으니, "제가 지금 마음이 너무 힘들어서 그러니 잠시만 시간을 주세요" 하고 솔직하게 이야기할 수 있다면 좋겠습니다. 여기에서 중요한 건 생각보다는 '나의 감정/느낌'을 표현해야한다는 점입니다. 생각을 이야기하는 것과, 감정/느낌을 이야기하는 것 사이에는 엄청 큰 차이가 있답니다. 한번 예를 들어 볼게요.

생각을 이야기하기	"아빠가 그렇게 이야기하시는 거 저는 너무하다고 생각해요."
감정 / 느낌을 이야기하기	"아빠가 그렇게 이야기하시니까 저는 너무 마음이 아파요."

비슷해 보이지만, 반응은 다르게 나올 가능성이 커요. '생각'을 이야기할 때는 맞든, 틀리든 부정적 반응이 나오게 되는 경우가 많고요. ('너는 내가 지금 화내는 거라고 생각하니? 다 너 잘되라고 하는 말이야. 피가 되고 살이 되는 이야기를 하는 거라고!') '감정'은 그야말로 내가 지금 그렇게 느낀다고 말하는 거니까, 상대방이 부정적

반응을 보이는 경우라 하더라도 잠시 멈칫하게 만드는 힘이 있어요. ('아프다고?')

만일 어떤 이야기를 하든, 부정적인 반응밖에 나오지 않을 것 같다면 차라리 침묵하는 편이 나을 수도 있는데요. "잠시만요"라고 얘기하고 자리에서 일어나 물을 한 잔 마시고 온다든가, 그것도 어렵다면 표정을 바꾸고 천천히 그 자리에서 벗어나는 시도를 해 본다면 좋겠습니다.

물리적인 거리 두기에는 다양한 방법이 있어요. 통화중이라면 전화기 송신음을 줄이거나 귀에서 멀리 떼는 식의 가벼운 정도부터, 옆방으로 옮기는 단계를 지나, 잠시 집을 나가 동네 한 바퀴를 돌고 오는 정도까지 상황에 따라 선택할 수 있어요. 성인이 되면 거리 두기의 범위는 더 넓어질 수 있죠. 대학 진학을 할 때 먼 지역에 있는 학교를 선택하거나, 자기 스스로 생활이 가능하다면 거주지를 독립하는 방법도 고려해 볼 수 있습니다.

정신적인 거리 두기

물리적인 거리 두기가 불가능한 상황도 종종 있지요. 은찬이가 그랬잖아요. 아무리 자신의 감정과 느낌을 표현한다고 해도, 아버지가 은찬이를 순순히 놔줬을 것 같지 않아 보여요. 만약에 은찬이가 말없이 일어나 화장실에 들어가 버렸다면 아버지는 더 뒤집어졌을 것 같지 않나요? 이런 상황에서 필요한 것이 정신적인 거리 두기입니다.

'해리'(解離, Dissociation)라고 부르는 현상이 있는데요. 이건 '스트레스 상황을 피하기 위해 일시적으로 나타나는 자아 정체성 감각의 변화'라고 할 수 있어요. 심한 스트레스 상황에 처했을 때 일종의 '나는 누구? 여긴 어디?'처럼 반응하게 되는 현상이지요. 이건 배워서 나오는 반응이 아니라, 축구공이 나를 향해 날아오면 반사적으로 피하게 되는 것처럼 본능적인 반응이에요. 힘든 가운데 살아남기 위한 본능적 생존 스킬 가운데 하나죠. 정신적인 거리 두기는 여기에다가 '안전지대'를 덧붙이는 것입니다.

안전지대는 말 그대로 안전하고 평화롭고 조용한 장소입니다. 바닷가, 높은 산, 천국을 떠올릴 수도 있겠죠. 어디라도 좋지만 가능하면 한곳을 정해서 그 장소에 익숙해지면 도움이 많이 됩니다. 처음에는 눈에 보이는 이미지로 시작해서, 나중에는 안전지대의 소리, 냄새, 내가 거기 있다고 생각할 때 느껴지는 내 몸의 감각으로 확대됩니다. 저의 안전지대는 정원이에요. 제 상상의 정원을 같이 둘러볼까요? 나뭇가지를 흔드는 바람소리, 멀리 새가 지저귀는 소리도 들리네요. 꽃 냄새보다는 싱그러운 풀 냄새, 나무 냄새가 더 나는걸요. 푸른 나뭇잎 사이로 햇빛이 비쳐 들어옵니다. 제가 좋아하는 정원에 있다고 생각하니까 긴장이 풀리고 마음이 포근해지네요.

이 안전지대를, 힘든 순간에 상상해 내기는 어려워요. 그래서 마음이 편안하고 괜찮을 때 미리 연습해 두는 편이 좋지요. 일본에는 지진이 워낙 잦아서, 생존 배낭을 준비해 놓는 사람들이 있대요. 안전지대를 일종의 생존 배낭처럼 생각하면 좋겠어요. 배낭을 들고 튀어나갈 일이 없으면 좋겠지만, 만에 하나 지진이 났을 때 부랴부랴 배낭 챙기는 수고를 덜어 주는 효과가 있으니까요. 분노의 불화살이 나를 향해 쏟아지는 순간에, 생존 배낭처럼 나만의 안전지대를 만들어 보세요. 아주 간단하게 생각한다면, 몸은 여기 있지만 마음은 저 멀리 꽃밭에 가 있는 것이지요.

물론 이런 안전지대가 모든 상황에서 항상 정답은 아닙니다. 그럼에도 누군가 자신에게 분노를 쏟아낼 때 스스로를 벌집이 되게 만드는 것보다는 나은 선택일 수 있어요.

불화살들은 그 자리에 놓고 오길

누군가 내게 쏜 분노의 불화살들, 용케 잘 피하셨나요? 잘하셨어요! 그러면 이제는 그 화살들을 품에 안고 다니지 않기로 결심합시다.

"엥? 불화살을 안고 다닌다고요? 그럴 리가!"

그래요, 정말 이상하죠? 상식적으로 생각하면 이해가 안 되잖아요. 하지만 마음의 문제에서는 그런 경우가 심심치 않게 있답니다. 은찬이만 봐도 그래요.

아버지가 은찬이에게 불화살을 쏘았죠.

"어후! 대갈통에 설사 똥만 잔뜩 든 저런 걸 아들이라고…"

은찬이는 타다 남은 불화살들을 끼고 다니죠.

'아버지 말대로 내가 대갈통에 설사 똥만 가득 차서 이러는 거면 어떡하지?'

은찬이는 이렇게 폭탄의 잔해들을 주워 담았어요. 이게 얼마나 문제가 있는 행동인지 다른 비유를 들어 볼게요. 누군가 나에게 불에 달군 돌멩이를 집어던졌다고 쳐요. 이건 거의 테러 수준이죠. 다행히 반사 신경이 뛰어난 나는 겨우 피해서 위기를 모면했어요. 그런데 그냥 지나치지 않고, 그 돌멩이들을 잔뜩 주워서 집에 가져왔네요. 그러고는 "이거 정말 뜨겁네? 아까 맞았으면 어쩔 뻔했어? 아직도 뜨거운가?" 계속 손을 대 보며 온도를 점검하는 거예요. 어때요, 정상으로 보이나요?

실제로 불에 달군 돌멩이라면 시간이 지나면서 식기라도 하지요. 마음의 문제는 다른 양상을 보이기 때문에 큰 문제예요. 나에게 상처 입힌 누군가의 말과 행동을 마음속에 떠올릴 때 나의 뇌는 그게 지금 일어나는 일인지, 아니면 3년 전 그날 밤에 일어난 일인지 구별하지 못해요. 다 현재진행형의 일로 받아들이죠. 그래서 과거의 일들을 회상하는 것만으로도, 그 일을 직접

당했을 때와 똑같은 반응이 몸과 마음에 일어납니다. 이제 여러분이 해야 할 일은 무엇일까요? 무한 반복 재생 스위치를 끄는 거예요. 그리고 그걸 끌 수 있는 사람은 자신밖에 없어요.

스위치를 끄는 방법은 크게 두 가지입니다. 하나는 상처 주는 생각들이 떠오를 때 "이제 그만!" 하고 말해 주는 거예요. 말만으로 잘 안 된다면 움직이세요. 얼른 그 자리를 뜨는 거예요. 멍하니 앉아 있다가 속상한 기억이 떠올랐다면 벌떡 일어나 손이라도 씻으세요. 유튜브를 보다가 내 마음의 상처를 건드리는 장면이 나오면 바로 다른 주제를 검색해 보세요.

또 다른 방법은 좀 더 적극적인 방법입니다. 일부러 그 생각을 하는 것인데 정해진 시간/장소에서만 하는 방법이 있죠. 예를 들면 은찬이는 '거실에 있을 때만 아빠 때문에 속상한 생각을 할 거야. 내 방에 들어가면 아빠 생각은 하지 말아야지'라고 결심할 수 있을 거예요.

비슷하지만 조금 다른 방법도 소개합니다. 반대 영상을 만들어서 내 마음속 괴로운 영상을 덮는 것도 좋은 대처가 됩니다. 많은 시간이 흐른 뒤 할아버지가 된 아빠가 어엿한 셰프가 된 나의 식당에 찾아와서 "미안하다. 은찬아" 하고 사과하는 장면을 상상해 보는 식으로요.

화내는 사람의 뒷면 읽기

은찬이 이야기를 들으면서 제일 마음이 아팠던 게, 아빠가 화 내는 걸 자기 문제로 받아들이는 장면이었어요.

'아버지는 왜 나한테 유독 화를 낼까? 아무리 자식이어도 내 가 그렇게 만만한가? 내가 정말 그 정도로 형편없고 우스운가?'

제 생각에 은찬이는 만만한 사람도, 형편없거나 우스운 사람 도 아닙니다. 은찬이한테 좀 미안한 말이지만, 오히려 아버지가 형편없다면 형편없는 분이죠. 자기 자식한테 그렇게 함부로 하 다니 정말 너무한 거 아닌가요?

나쁜 일을 만났을 때 그 상황을 설명하는 방법을 보면 낙관적 인 사람인지, 비관적인 사람인지 알 수 있다고 합니다.

낙관적인 사람은 '외부적, 일시적, 특수한' 원인으로 설명합 니다. 은찬이네 예를 들자면 "아버지가 오늘따라 속이 많이 안 좋으신가 보네. 오늘 만난 사람들이 아빠한테 심하게 갑질을 했 나?" 같이 생각할 수 있다면 낙관적인 사람으로 볼 수 있죠.

그와 달리 비관적인 사람은 '내부적, 영속적, 보편적' 원인으 로 설명해요. 안타깝게도 은찬이가 이쪽인 것 같아요. '나 때문 에 아빠가 저러는 거다, 내가 문제다'라는 식으로 말이에요.

나쁜 일을 만나지 않으면 제일 좋겠지만, 살다 보면 나쁜 일들 을 겪게 마련이죠. 그럴 때 원인을 어디서 찾으려고 하는지에 따라서 내가 사건에 반응하는 방식이 결정됩니다. 만일 오래 지속되는 것에서 이유를 찾는다면 만성적인 무기력에 빠지게 될 거예요. 예를 들면 내가 항상 기가 죽어 있는 이유를 엄마 아빠의 오랜 불화에서 찾는다면 앞으로도 이런 상황은 달라질 가능성이 거의 없으니 만성적인 무기력에 빠지는 거죠.

만일 자신의 내면에서 원인을 찾는다면 어떨까요? 예를 들어 내가 인기가 없는 이유를 외모가 멋지지 않아서라고 단정 짓는다면, 나를 탓하느라 자존감이 손상될 거예요. 그러니 남 탓을 하는 것처럼 느껴지더라도 '이건 내 문제가 아니라 그들의 문제야'라고 생각했으면 좋겠습니다. '가스라이팅'이라고, 들어 보셨죠? 많은 가해자들은 피해자에게 '네가 그렇게 한 거야. 그러니 네가 문제야'라고 말합니다. 여기에서 '그래, 내 문제야'라고 하면 그야말로 가스라이팅에 넘어가는 거고요. '아냐, 이건 내 문제가 아니야'라고 할 수 있다면 나를 지키고, 나를 마음대로 다루려고 하는 상대방에게서 벗어나는, 작지만 의미 있는 첫걸음이 됩니다.

이걸 조금 더 수월하게 하는 꿀팁을 알려드릴게요. 바로 화내는 사람들의 마음 뒷면을 읽는 거예요. 그런 면에서 은찬이 누나는 거리 두기 선배의 면모를 보여 주었어요.

"그런 걸로라도 우리를 통제하고 싶은 존경받지 못하는 가부장의 열등감이야."

저도 은찬이 누나의 생각에 동의해요. 은찬이 아버지는 열등 감에 사로잡힌 사람 같지 않나요? 직장에서뿐만 아니라 동생과의 관계에서조차 밀린다고 생각하는 게 틀림없어요. 세상에 자기 뜻대로 되는 게 하나도 없다고 생각하니까 그나마 자기 뜻대로 될 것 같은 가족들을 통제하면서 납작해진 콧대를 세워 보고자 하는 모습인데요. 근데 그건 아주 틀린 선택이었죠. 은찬이만 희생양이 된 게 아니라, 사실은 아버지 자신도 더 초라해지고 말았거든요. 가족을 비참하게 만들면 자신까지 비참해진다는 사실을 아버지는 잊고 있었던 것 같아요.

은찬이 아빠처럼 습관적으로 화를 내는 사람들일수록, 그들은 다른 누군가에게 화가 난 게 아닐 가능성이 상당히 높아요. 자기 자신의 인생에 화가 난 것을 애꿎은 타인에게 표출한 것일 수 있지요. 크게 짖는 강아지가 겁이 많은 강아지라는 말도 있잖아요. 그러니 나에게 이토록 쉽게 화를 내는 누군가가 있다면, 실제로는 상처를 엄청 많이 받은 연약한 사람일 가능성이 크지요. 자기 인생에 화를 내는 것보다 당장 눈앞에 있는 누군가에게 화를 내는 게 훨씬 편하니까 그러는 걸 수 있다는 거죠.

감정의 쓰레기통이 된 처참한 내 자신에게서 눈을 들어, 내 앞에 있는 사람을 바라보는 것, 한 발짝 더 나아가 그 사람의 뒷면을 읽으려고 하는 것이 가능하다면 나는 전쟁터 같은 이 상황 가운데서도 살아남을 가능성이 높아집니다.

말끝에 그래도, 붙이기

만일 자꾸만 나에게 시선이 가는 걸 도저히 멈출 수 없다면, 자기 한탄 말고는 떠오르는 말이 아무것도 없다면, 최소한 그 말 끝에 '그래도'를 붙여 보면 좋겠어요.

은찬이의 경우로 돌아가서 '그래도'를 붙여 볼게요.

"자신감이 뚝뚝 떨어졌다. 미래에 대한 그림도 잘 그려지지 않았다. 그래도…"

그 뒤에 어떤 이야기가 이어질 수 있을지, 여러분의 목소리가 듣고 싶네요.

"그래도 나는 하고 싶은 것들이 있다."

"그래도 난 지금까지 잘 참으면서 나름 잘 살아왔다."

"그래도 나에게는 내 편이 되어 주는 엄마와 누나가 있다."

함부로 분노 폭발을 하는 사람들 앞에서 아무것도 할 수 없다는 무기력감에 빠져 있는 분들이 있다면, 지금 이 순간 살아 있는 것만으로도 잘하셨어요. 그리고 여러분이 할 수 있는 걸 하기로 해요. 자신이 너무나 작게 여겨지고 아무것도 할 수 없을 것 같나요? 지금 여러분은 이 책을 읽고 있잖아요. 그리고 내가 뭘 할 수 있을까 고민하고 있잖아요. 그렇게 아주 작은 것이라도 내가 할 수 있는 것들을 찾는 것, 이것이 변화의 시작입니다. 나에게 화를 내는 그 사람이 달라질 가능성이 없어 보일수록 나는 더 잘 피하기, 그래서 살아남기를 연습해야 합니다. 그럴 수 있는 아주 약간의 힘조차 남아 있지 않은 것처럼 보일지 몰라도, 여러분의 생각보다 여러분은 훨씬 강한 존재라는 사실을 꼭 기억하세요.

만약 이담이가
다른 선택을 했다면

"박수아! 그게 말이 돼? 너 게스트 섭외를 어떻게 한 거야!"

무대 위에서 연출자로 보이는 한 남학생이 휴대폰에 대고 버럭 소리를 질렀다.

"분명히 7시부터 15분, 세 곡이라고 전달했다며? 지들이 뭔데 맘대로 공연 시간을 당겨? … 뭐? 다른 학교랑 스케줄 중복? 야! 그게 말이 돼?"

연출자의 모습을 보고 스태프들이 놀라서 일제히 무대 위로 모여들었다.

나는 객석에 앉아 걱정스러운 마음으로 그 상황을 지켜보았다. 이곳은 오늘 이담이네 학교 음악 동아리 볼케이노의 정기공연이 올려지는 교내 소극장이다. 나는 이담이의 초대를 받고 캠퍼스도 구경할 겸 일찌감치 놀러 와 공연 리허설을 구경하고 있었다.

들리는 얘기를 종합하면 게스트로 초대한 밴드가 공연 1부와 2부 사이에 15분간 연주를 하기로 계약해 놓고 다른 대학교와 비슷한 시간대에 공연을 잡아서 늦어도 7시에는 이곳을 떠나야 한다고 통보했다는 것이다.

연출자가 감정을 주체 못 하고 휴대폰에다 화를 퍼부었다.

"이 ㅅㅍ ㅅㄲ들! 이런 얘길 공연 네 시간 전에 통보한다고? 그것도 우리가 전화하니까 그제야? 야, 걔네 전화번호 줘! 내가 직접 통화할 테니까! 내가 이놈들 다 고소할 거야!"

그때 이담이가 연출자의 등을 쓰다듬으며 진정시키더니 휴대폰을 받아 들었다.

"수아 누나, 저 1학년 기수장 곽이담입니다! 누나, 섭외할 때 주고받은 문자랑 녹음 파일, 그리고 계약 서류 다 갖고 있죠? … 다행이다. 그럼 됐어요. 규민이 형이랑 저희가 잘 해결할게요. 걱정 마시고 누나도 이제 그만 여기로 넘어오세요."

전화를 끊은 이담이가 연출자에게 휴대폰을 돌려주며 허허 웃는다.

"형, 홍대 마고밴드, 프로인 줄 알았는데 저희보다 한참 아마추어네요. 하하."

"야, 넌 지금 웃음이 나와? 이거 대형 사고라고! 마고밴드 온다고 홍보를 얼마나 했는데! 아씨, 어쩌냐? 그렇다고 걔네를 오프닝으로 당기면 우리 공연 주제랑 안 맞는데… 돌겠네, 진짜!!"

"형, 캄 다운, 캄 다운! 괜찮아요. 우리 같이 방법을 찾아봐요."

"이 ㅅㄲ는 보살이야 뭐야, 씨! 맨날 다 괜찮대."

"형, 이러면 어때요? 차라리 게스트를 취소시키고 다른 무대 하나를 빨리 만들죠."

"취소? 야! 계약금이 얼만데!"

"계약서 갖고 있어요. 일방적으로 계약 위반한 그쪽이 위약금까지 물어 줘야 해요. 이건 제가 그쪽과 잘 협상할게요."

"그럼 빵꾸 난 무대는 뭘로 채우게? 대책은 있고?"

이담이가 고개를 끄덕이며 여유 만만하게 미소를 짓는다.

"지난달에 동아리 MT 가서 저희 1학년이 불러서 히트한 코믹 가요 메들리 있잖아요. 그걸로 대체하면 어때요? 우리만 듣기 아깝다고 다들 그랬잖아요."

"어, 그 노래?"

연출자의 얼굴이 환해졌다.

"이담아! 완전 굿 아이디어다! 그 곡이면 공연 콘셉트와도 맞고 분위기 확 띄우겠는데?"

"저희 몇 번만 맞춰 보면 할 수 있을 것 같아요. 바로 준비
시킬까요?"

"그래, 부탁한다! 이담아, 네 덕에 살았다!"

이담은 바로 몸을 돌려 무대 안쪽 문으로 달려갔다. 녀석,
큰 거 한 건 해냈구나.

"어, 종휘 오빠, 일찍 오셨네요?"

단아 씨가 어느새 곁에 와 서 있었다. 단아 씨는 이담이가
대학 입학 후 첫 소개팅으로 만나 사귀기 시작한 여자 친구
다. 그녀는 다른 대학에 다니고 있다.

"이담 오빠는 정신이 하나도 없던데요. 무슨 일 있어요?"

나는 조금 전에 일어난 상황을 간략히 설명해 주었다.

"진짜요? 그랬구나! 와, 우리 이담 오빠, 완전 해결사네요!"

"그러게요. 자식, 오늘 좀 멋있더라고요."

"오늘 좀 멋있다니요! 늘 멋있죠!"

"으윽!"

나는 외마디 소리를 지르며 양 손가락을 오그렸다.

"단아 씨는 대체 이담이 어디가 좋은 거예요?"

말은 이렇게 했지만 사실 나는 그녀의 멘트에 전적으로 동
감한다. 단아 씨는 기다렸다는 듯이 녀석의 장점을 열거하기

시작했다.

"일단 잘생겼죠, 노래 잘하죠, 공부 잘하죠! 성격 좋죠, 듬직하죠, 착하죠, 성실하죠, 인내심 많죠, 공감 능력도 최고죠, 심지어 그 어떤 순간에도 젠틀해요!"

"그 정도면 예수님 급 아니에요?"

"호호호호! 그런가? 근데 이담 오빠는 진짜 사기캐예요!"

"단아 씨가 우리 이담이를 이렇게 잘 봐줘서 내가 다 기분이 좋네요."

진심이다. 내 친구 이담이가 여자 친구에게 이토록 훌륭한 인간으로 인정받고, 같은 공동체 구성원에게 신뢰받는 사람이라는 것이 나는 말할 수 없이 자랑스럽고 감격스럽다.

고등학교 시절 만난 이담이는 활화산 같은 아이였다. 고2가 되어 이담이와 짝이 되었을 때 나는 난감하기 짝이 없었다. 사소한 말 한마디에 욱하는 이담이 때문에 주변 아이들이 점점 멀어져 갔고, 당시 부반장이었던 나는 반 친구들을 보호하기 위해 그 모든 분노의 화산재를 독박 쓰곤 했다. 처음에는 힘들고 화도 났지만 이상하게도 이담이가 무섭거나 밉지 않았다. 독기 서린 이담이의 사나운 눈이 왠지 모르게 외로워 보여서였던 것 같다.

그런데 2학기에 접어들면서 이담이의 비행은 더욱 심해져서 같은 반 친구 도현이를 콕 집어 노골적으로 괴롭히기에 이르렀다. 그런 이담이를 만류하다가 섬뜩한 말로 위협을 받은 적도 있었다. 그때도 나는 이담이가 왜 그렇게 안쓰러워 보였는지 모르겠다.

그해 10월, 2학년 전체가 제주도로 수학여행을 갔다. 번호순으로 방을 배정받아 이담이와 한 방이 되었다. 4인 1실이었는데 같은 방 두 명이 다른 방에 끼어서 자겠다고 내뺀 바람에 첫날 저녁부터 우리 둘만 한 방에 남게 됐다.

나는 이담이가 수학여행에 따라온 게 신기해서 이참에 이야기를 한번 나눠 보고 싶었다. 나는 미친 척하고 이담이에게 "편의점 가서 라면 먹을래?" 하고 던져 보았다. 놀랍게도 이담이가 나를 따라나섰다.

우리는 야외 테이블에 마주 앉아 밤바다에 철썩이는 파도 소리를 들으며 말없이 라면을 먹었다.

"야, 걸을래?"

처음으로 이담이가 내게 먼저 제안을 건넨 순간이었다. 나는 이담이를 따라 바닷가 백사장으로 들어갔다. 고요한 달빛이 까만 밤바다에 떨어져 물결 위에서 비늘처럼 빛나는 모습이 아름다웠다.

지금도 난 잘 모르겠다. 그때 이담이가 어째서 자기 이야기를 불쑥 털어놓기 시작했는지. 유치원부터 초등학교 때까지 엄마 아빠가 악다구니를 쓰며 매일 싸웠던 것, 아버지가 집어 던진 의자 때문에 마루가 파였던 그 장면이 지금도 어제 일처럼 또렷하다는 것, 처음엔 전부 다 아빠 잘못이라고 생각해서 아빠만 죽도록 미워했는데 언제부터인지 엄마도 꼴 보기 싫어져 얼굴만 봐도 열불이 터진다는 것. 철저히 비뚤어지고 타락해서 유명한 범죄자가 된 다음에 경찰에 체포되어 포토라인에서 섰을 때 '나를 이렇게 괴물로 만든 사람은 부모'라고 폭로하는 상상을 매일 한다는 것. 남들은 다 행복한데 나만 불행한 것 같아 속 편하게 웃는 애들만 보면 속이 뒤틀린다는 얘기까지…. 해변 끝의 현무암 절벽에 도착할 때까지 그는 덤덤하게 자기 이야기를 들려주었다.

"내가 왜 너한테 이런 얘기를 하는지 알아?"

"뭔데?"

"긁힌 자국 하나 없는 널 보면 짜증이 나서. 불공평하고, 억울해서. 나한테 쫄리라고."

그렇게 말하는 이담이의 얼굴이 희한하게 조금도 사납지 않았다. 어쩌면 그는 그날 자기 속을 털어놓을 누군가가 절실히 필요했던 것 같다. 그래서인지 나는 하나도 쫄지 않았다.

"곽이담, 나는 5학년 때 엄마가 도망갔고, 아빠는 돈 벌러 간다고 날 할머니 집에 놓고 베트남 갔는데, 거기서 결혼해서 눌러앉았어. 나 할머니랑 둘이 살아."

이담이가 나를 휙 돌아보았다. 주변은 어두웠지만 그의 눈이 휘둥그레진 것을 알 수 있었다.

"네가?"

"어느 책에 보니까 사람들은 자기 불행이 제일 크다고 생각한대. 정말 그땐 나도 세상에서 내가 제일 불행한 사람인 줄 알았어."

이담이는 내 말에 대꾸하지 않았다. 나는 뒤돌아서서 숙소 쪽으로 걷기 시작했다. 이번에는 이담이가 내 뒤를 따라왔다.

"나도 중3 때까지 장난 아니었다."

나는 지난날 내가 얼마나 들끓는 분노와 미움 때문에 고통스러웠는지, 그래서 얼마나 위태롭고 험악한 아이였는지 이담이에게 쭉 이야기했다. 이담이는 묵묵히 듣고 있었지만 몹시 놀랐다는 것을 불규칙한 숨소리로 알 수 있었다.

"근데 있잖아. 어느 날 교회 선생님이 그러시더라. '종휘야, 분노는 상대만 괴롭히는 게 아니라 자기 자신을 말려 죽이는 감정이야. 네 영혼이 자유로워질 수 있도록 부모님을 용서해 보지 않겠니?' 말도 안 되는 얘기였지. 그 말이 치가 떨리게 싫었어. 용서라니. 난 날 버린 엄마랑 아빠를 두고두고 욕하고 싶었거든. 그런데 욕을 하면 할수록 마음이 시원하긴커녕 나자신이 비참하게 느껴지더라. 그때 생각했어. 그들을 용서하지 않는다면 어쩜 나는 평생을 이 원망과 미움, 분노에 묶여 불행하게 살지도 모른다고.

그때부터 반년을 혼자 전쟁을 치렀어. 용서할까? 아니야, 억울해서 용서 못 해! 용서해? 아니, 안 해! 그러다가, 마침내 결정을 내렸어. 가족을 버리고 집을 나간 엄마를 용서한다고. 나를 버리고 돌아오지 않는 아빠를 용서한다고.

근데 용서라는 게 머릿속 각오에 불과한 거라서, 엄마 아빠가 수시로 밉고 미치도록 화가 나더라. 그럴 때마다 기도를 했어. 그들이 미워 죽겠다고, 나한테 상처 준 그 두 인간에게 무서운 벌 좀 내려 달라고. 왜 직무유기 하냐고. 위에 계신 분한테 버르장머리 없이 날것의 감정을 마구 쏟아 부었지.

그런 시간들이 끝이 안 날 것만 같았어. 그런데 그해 말에 갑자기 짝이 그러더라. 요새 너 화를 덜 낸다고. 무슨 일이냐고. 그때 깨달았지. 어느새 내 속에 있는 불덩이의 온도가 조금 내려갔다는 걸…"

수학여행 이후로 이담이는 아주 조금씩 변하기 시작했다. 그의 내면에서 무슨 일이 일어나고 있는지 이담이는 내게 설명하지 않았다. 그러나 이담이가 화를 내는 빈도수가 점점 줄었고, 언제부턴가 친구들과의 거리가 좁혀지기 시작했다.

우리는 고3 때 또 같은 반이 되었고 이담이는 생일에 나를 자기 집에 초대했다. 이담이와 엄마는 편안해 보였고, 우리 셋은 그날 기분 좋게 이담이의 생일 케이크를 먹었다. 이담이는 말 대신 달라진 모습을 내게 보여 주고 싶었던 것 같다.

최종 리허설이 재개되었다. 의자 한 개와 마이크 두 대가 무대에 세팅되고, 천장에서 조명이 직선으로 떨어졌다. 스크린에 두 개의 이름이 나란히 떴다.

노래 최도현, 곽이담, 기타 최도현.

그 두 이름을 보자마자 왈칵 눈물이 났다. 그 두 이름이 나란히 쓰인 것이 어떤 의미인지 아마 단아 씨는 모를 것이다. 가해자였던 이담이와 피해자였던 도현이가 어떻게 한 학교에서, 또 같은 무대에서 함께 노래할 수 있게 되었는지 말이다.

고3이 되면서부터 이담이는 뒤늦게 시작한 입시 준비로 고민이 많았다. 아동청소년학과나 심리학과에 가고 싶다는 꿈이 생겼지만 공부가 많이 뒤처졌고 내신도 형편없었다. 이담이는 1학기 초에 자퇴한 뒤 재혼한 아버지에게 도움을 청했고, 기초 단과 학원에 다니며 검정고시를 차근차근 준비했다.

그러던 어느 날, 학원가 편의점에서 도현이를 만났다고 했다. 자기를 보자마자 얼굴이 하얗게 질려서 뒷걸음쳐서 달아나던 도현이를 보고 망치로 머리를 얻어맞은 것 같았다고 한다. 자기가 무슨 짓을 하고 살았었는지 비로소 깨달았고, 너무 부끄럽고 미안한 마음에 밤새 울었다고 했다.

그때부터 약 한 달 동안 이담이는 못살게 굴었던 동급생들에게 연락하고 일일이 찾아가 사과했다. 그러나 도현이는 끝까지 이담이와 만나기를 거부했다. 그렇게 1년이 흘렀고, 이담이는 열심히 재수 생활을 했다. 가끔 나를 만나면 도현이 이야기를 꺼냈다. 진심으로 사과하고 싶다고.

그리고 수능을 두 달 앞둔 가을, 편의점에서 또 한 번 우연히 도현이를 만났다고 했다. 이담이는 도현이를 보자마자 편의점 문밖에서 무릎을 꿇은 채 기다렸고, 도현이는 그런 이담이를 보자마자 모진 말을 쏟아부었다고 한다.

"너 이거 다 네 맘 편하자고 사과하는 거 내가 모를 줄 알아? 나 절대 안 받아 줄 거야! 평생 나한테 죄책감 갖고 살아! 그게 내가 주는 벌이야!"

그때 이담이 울면서 진심을 전했다고 한다.

"내 맘 편하자고 이러는 거 아니야! 내가 널 지옥에 가두고 나 혼자 나와 버렸어. 너무 미안하다, 도현아! 너한테 씻을 수 없는 상처를 줬어. 성이 풀릴 때까지 날 때리고 욕해 주라. 네가 그 지옥에서 나올 수만 있다면 나 뭐든지 할게!"

그날 이담이는 경찰이 올 때까지 도현이에게 걷어차이며 얻어맞았다. 경찰서에 달려온 도현이의 부모님에게 이담이는 무릎 꿇고 묵은 죄를 고백하고 용서를 빌었다. 그리고 마침내 도현이는 이담이의 진심을 받아들였다. 그날 도현이도 용서라는 것을 해 보기로 결심한 것이다. 그리고 도현이에게도 선물처럼 자유가 찾아왔다.

그리고 올해, 이담이가 도현이와 같은 대학에 입학했을 때 도현이는 누구보다 기뻐하고 환영했고, 자기가 속한 음악 동아리로 안내하여 선배 노릇을 톡톡히 하고 있다고 한다.

두 사람의 아름다운 화음이 공연장 안에 울려 퍼졌다. 나는 그들의 하모니를 들으며 전율을 느꼈다. 그 둘 사이의 특별한 시간들이 그들의 노래 안에 담겨 있었다. 나는 눈을 감고 그들의 목소리가 서로를 보듬고 토닥이며 한데 어우러지는 정경을 마음으로 그려 보았다.

오프닝 곡 리허설을 마친 뒤 둘이 무대에서 내려와 우리 쪽으로 다가왔다. 도현이는 반가운 얼굴로 나를 허그한 뒤 단아 씨에게 인사했다.

"단아 씨, 우리 어땠어요?"

"최고예요!"

단아 씨가 엄지를 치켜들었다.

"넌 어땠냐?"

이담이가 나에게 물었다.

"음이 좀 플랫 되던데."

"이 좌식이!!"

이담이가 내 목을 팔로 꾹 조이며 껄껄 웃는다. 공연은 차질 없이 진행될 거라며 믿음직스럽게 이야기하는 녀석이 참 듬직하다.

그때 이담이의 휴대폰이 울렸다.

"어, 엄마, 웬일이에요? 나 공연 준비 중이지. … 어? 아버지가? 많이 다치셨대요? … 아. 다행이네. 알겠어요. 지금은 정신이 없고 이따 밤에 들를게요."

"오빠, 무슨 일?"

"응, 아버지가 교통사고 당하셨는데 살짝 접촉사고 난 거라 많이 다치진 않으셨대. 자, 우리는 다음 무대 준비하러 들어간다. 리허설 끝나면 같이 밥 먹자. 너네 도시락은 내가 따로 시켜 놓을게."

이담이와 도현이는 서둘러 무대 쪽 앞문으로 달려 나갔다.

이담이 녀석, 아버지와도 계속 잘 지내는 모양이다. 점점 더 멋진 인간이 되어 가고 있구나. 군대 다녀와 저 녀석을 다시 만날 즈음에는 얼마나 더 달라져 있을지 기대가 된다.

자, 이제 마무리할 시간입니다. 마지막에 만난 이담이의 변화, 여러분이 보기엔 어떠세요? 앞에서 만났던 이담이는 사람들을 다 튕겨 내고 상처 주는 활화산이었잖아요. 여친과도 헤어지고, 미래에 대해 아무 생각도 없는 채로 엄마에게도 불을 뿜고, 친구도 도망가게 만드는, 가까이 있으면 불편하다 못해 무섭기까지 한 친구였거든요. 그런데 다른 선택을 한 이담이는 소위 사기 캐인데요? 공부 열심히 해서 원하는 대학에도 갔지, 여친이랑 친구한테 사랑받지… 가장 감동적인 건 앞에서 이담이를 마주친 친구 도현이가 걸음아 나 살려라 하고 도망치던 모습이 생생한데, 여기서는 둘이 함께 노래를 부르며 하나 되는 모습을 보여 주는 장면이에요.

우리도 이담이처럼 다른 선택을 할 수 있다면 얼마나 좋을까요? 싸웠던 친구와 화해하고, 내 실수로 망가진 관계들이 회복되고, 실수해서 망가뜨린 것들도 복구할 수 있다면 말이지요! 그런데 이게 아주 불가능한 이야기만은 아니라는 게, 이 책을 통해서 제가 하고 싶었던 이야기들이에요.

저는 병원에서 상담을 하다 보니 마음이 아픈 사람들을 많이 만난답니다. 저를 만나 치료받는 것만으로 사람들의 상처가 바로 나을 수 있다면 참 좋겠죠? 근데 그게 참 어렵답니다.

저에게 일하면서 제일 힘든 게 뭐냐고 묻는다면, '사람들이 참 안 달라지는 것'이라고 대답하겠어요.

반대로, 일하면서 제일 기쁜 게 뭐냐고 묻는다면, '사람들이 달라지는 것!'이라고 대답할 거예요.

말장난 같지만 사실이에요. 사람들은 안 달라지는 것 같지만 달라진답니다. 우리 얼굴도 그렇잖아요. 거울 속에 보이는 내 얼굴은 어제와 오늘이 별로 달라 보이지 않는데, 유치원 다닐 때 내 얼굴과 지금의 내 얼굴을 비교하면 많이 달라졌어요. 우리 마음도 마찬가지예요. 어제 내가 담고 있던 마음과 오늘 담고 있는 마음은 똑같아 보이는데, 유치원 때 마음과 지금의 마음은 다르잖아요. 그렇다면 시간이 흐를수록 마음이 더 건강해질 수 있을까요? 지금부터 그 비법을 알려드릴게요.

내가 오늘 어떤 사람을 만나고, 그 사람과 어떤 영향을 주고받느냐에 따라 내가 더 성숙할지, 아니면 퇴행할지가 결정이 됩니다. 지금 당장은 잘 모를 수 있지만 매일의 시간이 차곡차곡 쌓이면서 내 모습이 달라져 가는데요. 내가 어떤 사람으로 성장하느냐에 따라 나의 삶의 모습이 달라질 걸 생각한다면 오늘이라는 시간을 대충 보내서는 안 될 거라고 생각해요.

앞에서도 용서에 대해 다루었지만, 용서는 우리 마음을 멋있게 빚는 방법이에요. 용서를 해야 하는 이유는 상대가 아닌 나를 위해서라는 걸 잊으면 안 됩니다.

내가 불을 내뿜는 활화산으로 살면서 내 옆에 있는 사람들을 다 몰아내면, 가장 외롭고 힘든 건 나죠. 상처의 기억 속에서 매일을 살아가기로 했다면 그때도 제일 아픈 건 나예요.

그렇지만 내가, 불을 뿜는 걸 멈추고 나와 다른 사람들을 살리는 사람으로 산다면, 두 번째 버전의 이담이처럼 충만하고 풍성한 삶을 누릴 수 있어요.

그리고 이건 이담이나 우리 한 사람에게서 끝나는 이야기가 아니랍니다. 분노를 극복하고 성숙해진 이담이 옆에 있는 단아, 종휘, 도현이의 마음은 어떨까요? 건강하고 행복할 가능성이 높을 거예요. 그러면 건강하고 행복한 그들이 만나는 또 다른 사람들은요? 그들 역시 좋은 영향을 받을 거예요. 분노가 전염되는 것처럼, 따뜻한 미소와 위로도 전염이 되는 거죠.

이러한 변화의 시작은 아주 작아요. 이담이의 두 번째 이야기에서 중요한 역할을 하는 친구, 종휘를 좀 보세요. 불 뿜는 활화산처럼 살다가 완전히 달라진 종휘와 상처투성이 이담이의 삶이 겹칠 때 생긴 변화들이 저는 너무 감동적인데요. 이게 동화 같은 이야기, 꿈같은 소리에 끝나지 않고 우리 삶에서도 들려오는 이야기들이기를 간절한 마음으로 바랍니다. 내가 달라지면 나부터 행복을 누릴 거고요. 그 행복은 나로 끝나지 않고 주변으로 흘러 넘쳐 모두가 행복할 수 있는 토대가 될 거예요.

마무리하면서 몇 가지 연습을 해 봅시다.

화를 적당하게 내는 것, 어렵죠? 하지만 화를 크게 내거나 안 내는 것보단 쉽답니다! 화의 레벨을 낮추는 연습을 해 봅시다. 최근에 화가 났던 일을 한 가지만 간략하게 쓰고 화의 레벨을 체크해 보세요. 그리고 그 레벨을 한 단계라도 낮출 수 있는 자신만의 방법을 써 봅시다.

💣 최근에 화가 났던 일

💣 그때의 분노 레벨은?

| 분노 level | 1 | 2 | 3 | 4 | 5 | 6 | 7 | 8 | 9 | 10 |

💣 화의 레벨을 낮추는 방법(ex: 산책, 음악 감상)

자신의 아픔과 상처를 인정하는 것, 이것이 분노 다루기의 첫 걸음입니다. 그리고 이 분노 뒤에는 여러 가지 감정과 이유가 숨어 있어요. 최근에 화가 났던 이유를 곰곰이 생각해 보고, 자신의 분노 뒤에 숨어 있는 감정과 이유를 아래 문장들 중에서 골라 보세요. 자신만의 다른 이유가 있다면 빈칸에 써 주세요.

💣 내가 화가 났던 이유

[　] 상처를 받아서

[　] 슬퍼서

[　] 자존감이 무너져서

[　] 내 원칙이 공격 받아서

[　] 꿈이 무너져서

[　] 외로워서

[　] 내 자신이 마음에 안 들어서

[　] 인정받지 못해서

[　] 피곤해서

[　] 원하는 걸 얻지 못해서

분노의 불화살이 난무하는 가운데 살아갈 수밖에 없는 친구들이 있다면, 어떤 경우에라도 불화살을 도로 주워서 품고 다니지는 말기로 해요. 결코 불화살의 말들에 굴복하지 않겠다는 결심을 빈칸에 적어 보세요.

💣 분노에 지지 않겠다는 결심

　내가 미워 견딜 수가 없다고요? 사람은 그 어떤 누구보다 자신의 격려가 필요합니다. 잘했다고 말하는 게 도저히 입이 떨어지지 않는다면, 최소한 "그래, 고생 많았네. 힘들었겠다"라는 말이라도 해 주세요.

💣 나에게 보내는 격려의 한마디

마지막으로, 분노를 조절하는 10가지 방법을 알려드릴게요.

화를 주체할 수 없을 때 이 방법을 꼭 실천해 보세요.

분노를 조절하는 10가지 방법

① 천천히 숫자 세기
② 분노에 반응하는 방법 바꾸기
③ 마음이 진정된 후 분노 표현하기
④ 차분히 생각한 뒤 말하기
⑤ 자신의 화에 대해 구체적으로 표현하기
⑥ 화가 나는 원인 찾기
⑦ 운동하기
⑧ 자리 피하기
⑨ 거울 보기
⑩ 도움 청하기

출처_ 대한신경정신의학회

화에 휘둘리는 청소년을 위한 마음 관리법
화내는 게 나쁜 건가요?

초판 1쇄 펴냄 2011년 11월 22일
개정판 1쇄 펴냄 2025년 1월 30일

지은이 문지현, 김수경

펴낸이 고영은 박미숙
편집이사 인영아 | 책임편집 김현정
디자인 이기희 이민정 | 마케팅 오상욱 김정빈 | 경영지원 김은주

펴낸곳 뜨인돌출판(주) | 출판등록 1994.10.11.(제406-251002011000185호)
주소 10881 경기도 파주시 회동길 337-9
홈페이지 www.ddstone.com | 블로그 blog.naver.com/ddstone1994
페이스북 www.facebook.com/ddstone1994 | 인스타그램 @ddstone_books
대표전화 02-337-5252 | 팩스 031-947-5868

ⓒ 2025 문지현, 김수경

ISBN 978-89-5807-055-9   03190

* 『십대, 고수답게 싸워라』의 개정판입니다.